AF468945

RÉPONSE
DU
P. MALEBRANCHE
PRESTRE DE L'ORATOIRE,
A M. REGIS.

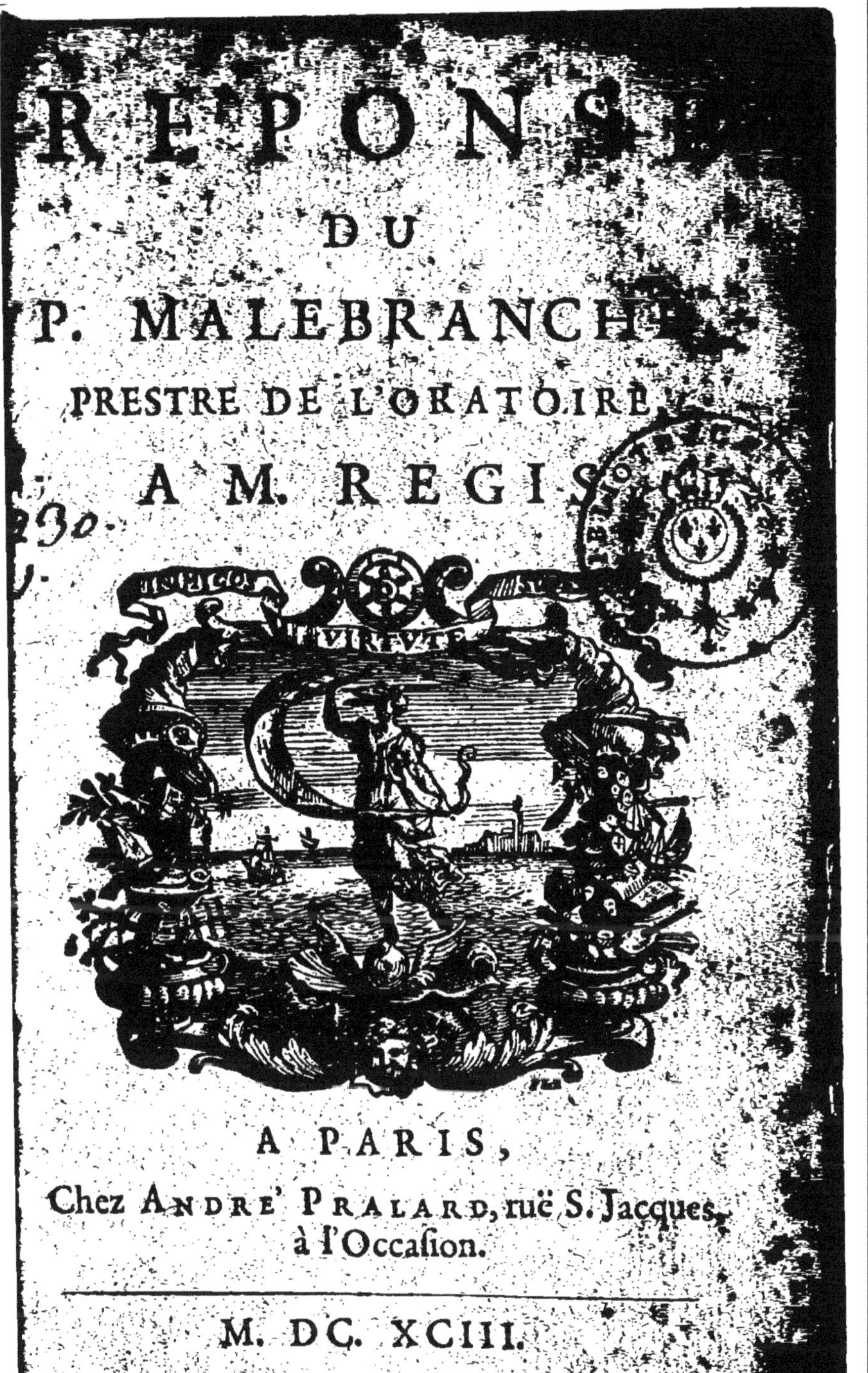

A PARIS,
Chez ANDRE' PRALARD, ruë S. Jacques, à l'Occasion.

M. DC. XCIII.
AVEC PRIVILEGE DU ROI.

AVERTISSEMENT.

AYANT remarqué dans le *Systême de Philosophie* de Monsieur Regis, qu'il me faisoit l'honneur de critiquer mes sentimens, & qu'il les condamnoit sans donner ce me semble aucune preuve solide de ses décisions, je crus d'abord lui devoir répondre. Mais, certaines considerations m'ayant fait differer un travail si contraire à mon inclination, & que je ne jugeois pas fort nécessaire, j'appris peu de tems aprés qu'une autre personne à mon insçû avoit entrepris de réfuter les opinions particulieres de ce Philosophe, sur la Metaphysique principalement & sur la Morale, & même que dans son Ouvrage il défendoit mes sentimens avec beaucoup de vigueur. Je ne sçai point bien ce qui en est, car je n'ai point vû cette refutation dont je parle, & je ne la veux point voir qu'elle ne soit imprimée. Je suis bien aise que M. *Regis* le sçache, afin qu'il ne m'attribuë que ce qui dépend absolument de moi. Car je ne prétens pas avoir droit sur les Ouvrages de mes amis, ni les obliger à écrire comme je le ferois moi-même. Je ne veux pas me rendre juge dans ma propre cause, ni ôter aux autres la liberté de dire ce qu'ils pensent de mes Livres : & je ne sçai point si la personne dont je parle approuve aussi généralement qu'on me l'a dit, tout ce que M. *Regis* condamne dans mes Ouvrages.

Ayant donc appris qu'on avoit éxecuté le dessein que je pouvois prendre, & peut-être plus heureusement que je n'aurois fait moi-même, je ne pensois plus à répondre à M. *Regis*. Mais voyant que l'Ouvrage ne paroissoit point, & ne sçachant point s'il paroîtroit jamais, j'ai pris enfin la résolution de faire moi-même une courte réponse. Pour cela j'ai cherché dans le *Systême de Philosophie*, tous les endroits où l'Auteur me cite en marge, & combat mes sentimens avec une application particuliere, & j'ai negligé les autres. J'ai crû que si je ne répondois pas à M. *Regis* lors qu'il m'interroge, & que, par ces citations en marge, tout le monde peut voir que c'est à moi à qui il parle, j'ai crû, dis-je, que lui & ses Disciples pourroient regarder mon silence ou comme une espece de mépris, ce qui ne me conviendroit gueres ; ou comme un aveu de mon impuiſſance, ce qui feroit tort à la verité de mes ſentimens. Et au contraire ſi je fais voir inconteſtablement, que M. *Regis* n'a pas raiſon dans ces endroits qu'il réfute avec le plus d'application & en me citant, on aura un fondement raiſonnable de ſe défier de ce qu'il avance généralement, non-ſeulement contre la *Recherche de la Verité*, mais contre des ſentimens bien plus dignes de reſpect. Car enfin, puiſque pour le combattre je ne fais point choix de ce qui me paroît de plus foible dans ſon *Syſtême*, & que je m'oblige à renverſer tout ce qu'il y trouve luimême de plus fort contre moi : Si on reconnoît clairement, comme je l'eſpere, que la Verité eſt de mon côté, on aura un préjugé fort legitime contre tout ſon Ouvrage, je veux dire contre ſes opinions particulieres. Car je ne prétens pas qu'il n'y ait rien de ſolide dans ſa Philoſophie. Je condamnerois d'excellens Auteurs, & que je regarde comme mes Maîtres. Je prétens ſeulement, pour ne point parler de ce qui ne me regarde pas, qu'il n'a jamais raiſon dans les endroits où il me combat. Voilà, je l'avouë, une étrange prétention.

Mais je croi la pouvoir declarer : non-ſeulement, parce que je la juge bien fondée ; mais encore afin que ceux qui liſent ſes Ouvrages, auſſi-bien que les miens, ſoient extrêmement ſur leurs gardes.

Comme mon deſſein eſt de joindre cet Ecrit aux *Eclairciſſemens* qui ſe trouvent à la fin *de la Recherche de la Verité*, je garde ici l'ordre que ce Livre me preſcrit. Ainſi je mets pour premiere réponſe celle qui regarde le premier endroit de l'Ouvrage que M. Regis a combattu, & les autres dans leur rang.

On a crû devoir auſſi imprimer à part cette petite Réponſe pour la ſatisfaction de ceux qui ont déja le Livre de la Recherche de la Verité : *Car la premiere intention de l'Auteur étoit de la joindre à l'Ouvrage qu'elle défend lors qu'on en feroit une nouvelle Edition.*

RAISON PHYSIQUE

DES DIVERSES APPARENCES de grandeur du Soleil & de la Lune dans l'Horiſon & dans le Meridien, combattuë par M. Regis, & défenduë par le P. M.

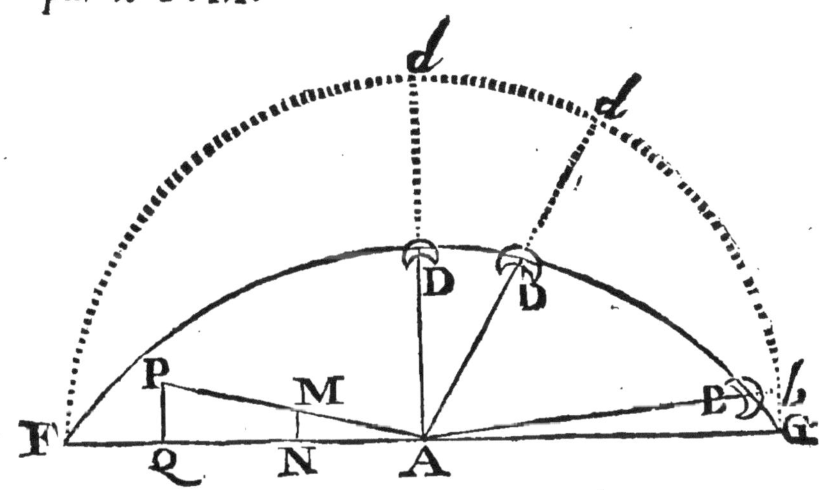

POUR expoſer clairement le fait dont il eſt queſtion, ſuppoſons que la ligne F G repréſente le plan d'une platte campagne, & B D D le Ciel à peu prés tel qu'il paroît, ſe joignant avec la Terre aux extrémitez de l'Horiſon F, G. L'experience apprend que la

Lune paroît d'autant plus grande qu'elle est plus proche de l'Horison. Et la question est de sçavoir la véritable raison de cette apparence.

* Ch. 9. Art. 3. Il seroit bon de lire ce Chapitre 9.

Je croyois avoir suffisamment démontré * dans le 1. Livre *de la Recherche de la Verité*, que la Lune nous paroissoit plus grande à l'Horison en B. que dans le Meridien en D. parce que voyant entr'elle & nous plusieurs terres, nous la jugions d'autant plus éloignée, qu'elle étoit plus proche de l'Horison. Et je pense encore à present que tous ceux qui examineront sans prévention mes preuves les trouveront convaincantes. Mais il est juste de donner ici quelque chose à la reputation de M. Regis, & de ce sçavant Geomètre le R. P. Taquet, qui ne conviennent pas de la raison que j'ai donnée.

1. Il est certain que l'objet P Q, double par exemple de l'objet M N, & deux fois plus éloigné que lui de l'œil A, y trace sur le nerf optique une image égale à celle que M N y produit. Car les rayons P A & M A, Q A & N A sont dans les mêmes lignes droites. Et ces rayons partant des extrémitez de ces objets déterminent par consequent leur hauteur. C'est une verité dont M. Regis * convient.

* Tom. 3. p. 240.

2. Or la hauteur de l'objet P Q paroît environ double de l'objet M N, lorsque l'on en remarque la distance : je dis *environ* double, parce qu'on ne peut à la vûë juger exactement de la distance des objets. Un Nain à deux pas de nous paroît certainement beaucoup plus petit qu'un Geant trois fois plus grand qui seroit éloigné de six pas, quoique l'un & l'autre puissent être vûs sous des angles égaux ; ou ce qui est la même chose, quoique les images qui s'en traceroient au fond de l'œil puissent être égales.

3. Donc la raison de cette inégalité dans les

apparences, ne venant point de l'inégalité des images, qui certainement sont égales dans le fond de nos yeux, elle doit venir de l'inégalité de la distance.

4. Mais, afin que l'inégalité de la distance produise de l'inégalité dans les apparences, que nous avons de deux objets, qui tracent des images égales; il faut que cette inégalité de distance soit actuellement apperçûë par les sens. Car les connoissances, que nous en aurions d'ailleurs, ne changeant rien actuellement dans les organes de nos sens, elles ne changeroient rien non plus dans nos sensations : Parce que Dieu, en conséquence des Loix de l'union de l'ame & du corps, n'agit dans nôtre ame & ne nous fait voir les objets, qu'à l'occasion des images qui s'en tracent dans nos yeux, & des changemens qui arrivent à nôtre corps. C'est pour cela que les Astronomes ne voyent pas le Soleil plus grand que les autres hommes, quoiqu'ils le jugent infiniment plus éloigné, qu'on ne le croit ordinairement. Car encore un coup une distance, qui n'est point actuellement apperçûë par les sens, doit être contée pour nulle, ou ne peut servir de fondement au jugement naturel qui se forme en nous de la grandeur des objets. Reprenons maintenant la figure precedente.

5. Lorsqu'on regarde le Ciel du milieu d'une campagne, sa voûte ne paroît point parfaitement sphérique comme *b d d*. Elle paroît comme un demi sphéroïde applati : de sorte que la ligne Horisontale A B, paroît double ou triple de la perpendiculaire A D. Ainsi lorsque la Lune est en *d*, elle paroît être en D : & lorsqu'elle est en *b*, elle paroît être en B. Or A B est plus grand que A D, il en est double par exemple. Donc, lorsque la Lune est dans l'Horison, sa distance appa-

rente est double de celle du Meridien. Donc, quoique l'inégalité des images que la Lune, dans ces deux scituations differentes, trace dans nos yeux, soit comme insensible, son diametre doit paroître dans l'Horison deux fois aussi grand que dans le Meridien : puisque les images de deux corps, étant égales dans le fond de nos yeux, leur grandeur paroît & doit toûjours paroître proportionnelle, non à leur distance réelle, mais à leur distance apparente, ainsi que je viens de le dire.

6. Cette raison est démonstrative assûrément. Mais pour en convaincre l'esprit d'une maniere sensible, on peut faire cette experience, entre plusieurs autres. Prenez un morceau de verre plat comme d'une vître cassée. Chauffez-le peu à peu, & également par tout, en le passant sur la flamme d'une chandelle, d'abord à 3 ou 4 doits, de peur qu'il ne se casse : & lors qu'il sera chaud abaissez-le dans la flamme même, & l'y passez afin qu'il se couvre de fumée, jusqu'à ce que regardant au travers vous voyiez distinctement la flamme de la chandelle, sans voir les autres objets moins éclatans. Il faut que ce verre soit plus ou moins obscurci, selon l'usage qu'on en veut faire, pour regarder le Soleil ou la Lune. On le voit assez.

Je dis donc qu'avec un tel verre plus ou moins enfumé, on verra le Soleil ou la Lune sensiblement de la même grandeur dans quelque scituation qu'ils soient, pourveu que ce verre soit tout proche des yeux & qu'il éclipse entierement le Ciel & les Terres : Je dis *entierement*. Car pour peu qu'on entrevît le Ciel & les Terres, ce verre ne changeroit point les apparences de grandeur du Soleil, parce qu'on le pourroit juger plus éloigné que ces Terres qu'on verroit confusément. Car il n'eſt pas neceſſaire de voir diſtinctement les objets pour juger de leur étenduë. Si le Soleil eſt dans l'Horiſon, l'interpoſition du verre le fera paroître environ deux fois plus proche, & quatre fois plus petit ou environ : car ici la préciſion n'eſt pas neceſſaire. Mais s'il eſt fort élevé ſur l'Horiſon, le verre ne produira aucun changement conſiderable ni dans ſa diſtance, ni dans ſa grandeur apparente.

7. Cela étant, il eſt clair que l'interpoſition du verre ne change pas ſenſiblement l'image, que la Lune trace dans le fond de l'œil : puiſqu'elle ne perd rien de ſa grandeur apparente, lorſqu'étant ſur nôtre tête, on la regarde avec ce verre. Or lorſqu'elle eſt à l'Horiſon, ſa diſtance & ſa grandeur apparentes diminuënt notablement par l'interpoſition du verre, laquelle ne change point ſon image, & ne fait qu'éclipſer les autres objets. Donc il eſt évident que la Lune paroît plus grande dans l'Horiſon que dans le Meridien, par cette raiſon que la vûë ſenſible des Terres nous la faiſoit juger plus éloignée. Et la propoſition que M. Regis prétend prouver dans le Chap. 30. du 3. Tome de ſa Philoſophie, & par laquelle il le finit n'eſt pas ſoûtenable. *Ainſi*, conclut-il, *nous pouvons aſſûrer en général que la grandeur apparente des objets dépend uniquement de la grandeur des images qu'ils tracent ſur la rétine.*

8. Pour le R. P. Taquet ſon ſentiment n'eſt pas tout à fait le même que celui de M. Regis. Selon ce Pere, la grandeur apparente des objets dépend non *uniquement*, mais *preſque toûjours* de la grandeur de leurs images ; ce qui le fait neanmoins tomber dans quelques erreurs. Mais voici ce qu'il dit par rapport au ſentiment que je viens d'établir. *Immeritò igi-*

tur nonnulli recentiores, nescio quibus ducti præjudiciis, angulos prædictos, ut fallaces, & ineptos ad apparentes rerum magnitudines determinandas rejiciunt. Dicent credo, objecta non apparere æqualia, quamvis eodem vel æquali angulo conspiciantur, quando visus inæquales distantias percipit. Quæro igitur, an sol propè horisontem positus major appareat, cum terræ superficies illum inter atque oculum interjecta cernitur, quam dum manu vel pileo terræ conspectu impedito spectatur solus? Quisquis voluerit experiri, æqualem utroque casu deprehendet, &c. Il est visible que le P. Taquet se trompe par son experience imparfaite. Car pour détruire la distance apparente du Soleil couchant, il ne suffit pas de se cacher la campagne par le bord de son chapeau, il faut aussi se faire éclipser le Ciel. Mais apparemment ce sçavant homme ne faisoit pas attention à la voûte apparente du Ciel, qui paroissant presque platte doit causer à peu prés la même apparence de distance que les terres interposées. Il est donc certain que l'apparence de l'inégalité des distances doit être actuellement comparée avec l'égalité des images, que produisent les objets au fond de l'œil, afin que le jugement naturel se forme en nous touchant la grandeur de ces objets. Mais voici comment tout cela se doit entendre. Je prie qu'on y donne attention. Car on peut tirer bien des consequences du principe que je me contenterai d'exposer.

9. Comme Dieu ne nous a pas faits pour connoître les rapports que les corps ont entr'eux, & avec celui que nous animons, & qu'il est necessaire pour la conservation de la vie que nous en sçachions beaucoup de choses; il nous en instruit suffisamment par la voye courte du

ſentiment, ſans aucune application de nôtre part. Dans l'inſtant que nous ouvrons les yeux au milieu d'une campagne, Dieu nous donne donc tout d'un coup tous les ſentimens, & forme en nous tous les jugemens, que nous formerions nous-mêmes, ſi, ayant l'eſprit d'une pénétration comme infinie, nous ſçavions outre cela l'Optique divinement; & non ſeulement la grandeur & le rapport de toutes les images qui ſe tracent dans nos yeux, mais generalement tous les changemens qui arrivent à nôtre corps; lorſqu'ils peuvent ou doivent ordinairement ſervir à regler ces jugemens. Ainſi nous voyons la Lune, le Soleil & les Etoiles, & même les nuës, dans la même diſtance: Parce que comme je l'ai prouvé dans le 9. Chapitre de cet Ouvrage, il n'y a point de difference ſenſible dans ce qui arrive à nôtre corps, par laquelle nous puiſſions juger que les Etoiles ſoient infiniment plus éloignées que la Lune, & celle-ci que les nuës; & l'Horiſon nous paroît plus éloigné que le Zenith, parce que le Ciel & les Terres qui ſont entre l'Horiſon & nous, traçant dans nos yeux leurs images, l'eſprit tel que je l'ai ſuppoſé, en doit conclure qu'il eſt beaucoup plus éloigné que le Zenith, entre lequel & nous il ne paroît aucun objet. De ſorte que tous les degrez du Ciel apparent diminuënt d'autant plus qu'ils approchent davantage du Zenith. Et comme la Lune en quelque endroit du Ciel qu'elle ſoit, eſt toûjours vûë ſous un angle d'environ un demi degré, l'eſprit, ſelon les regles de l'Optique, la doit voir beaucoup plus grande à l'Horiſon que dans le Meridien.

10. Si je panche la tête, ou ſi je me promene en regardant un objet; par le même principe cet objet ne laiſſera pas de paroître droit & im-

mobile. Car mon esprit étant averti de la scituation ou du mouvement de mon corps, je ne dois pas conclure que cet objet change de place, à cause que son image en change dans le fond de mes yeux. Mais si j'étois transporté dans un Vaisseau par un mouvement qui ne changeât rien dans mon corps, comme les jugemens naturels qui se forment en moi ne sont appuyez que sur les changemens qui s'y passent, je croirois être immobile, & que les objets seroient mûs. Il faut dire la même chose de toutes les autres apparences des corps qui nous environnent. Dieu en consequence des Loix generales de l'union de l'ame & du corps, nous apprend en un clin d'œil, la grandeur, la scituation, la figure, le mouvement & le repos de tous les objets qui frappent nos yeux, en consequence des Loix du mouvement : Et cela fort exactement, pourvû que les objets ne soient pas excessivement éloignez, & que l'angle que forment les rayons se termine à l'objet qu'on regarde. Ainsi Dieu forme en nous, pour ainsi dire, les jugemens naturels que nous ferions nous-mêmes, si nous étions tels que je l'ai supposé. Mais comme nous ne sommes pas faits pour nous occuper des objets sensibles, & pour ne travailler qu'à la conservation de nôtre vie, il nous épargne tout ce travail, & nous apprend, par une voye abregée & fort agreable en un moment, un détail comme infini de veritez & de merveilles. Mais examinons maintenant l'opinion de M. Regis, & voyons s'il n'y auroit point quelque chose a reformer dans son Optique : Voici ses paroles.

Tom 3. p. 243. II. *Il y en a d'autres qui prétendent que cette grandeur apparente de la Lune sur l'Horison ne dépend point de l'élargissement de la prunelle, ni de l'applatissement du Cristallin, mais du jugement que nous faisons que la Lune est plus éloignée de nous, lorsqu'elle est sur l'Horison que lorsqu'elle est dans le Meridien, assurant que ce jugement a la proprieté de faire qu'un objet paroisse plus grand, quoique son image sur la rétine soit plus petite.*

On voit bien par ce que je viens de dire, & par ce que j'ai dit dans le 9. Chap. de la *Recherche de la Verité*, comment il faut entendre cette exposition de mon sentiment. L'Auteur continuë: *Nous répondons qu'il n'y a rien qui soit plus contraire aux Loix de l'Optique que cette explication; & que tant s'en faut que le jugement que nous faisons que les objets sont éloignez contribuë à les faire paroître plus grands, il sert au contraire à les faire paroître plus petits.*

RE'PONSE. Voila une décision bien étrange: *Il n'y a rien qui soit plus contraire aux Loix de l'Optique.* Mais quoi! Est-ce que si M. Regis du milieu de sa chambre regardoit la campagne, tout ce qu'il y découvriroit lui paroîtroit plus petit que sa fenêtre, par cette loi fondamentale de son Optique, *Que la grandeur apparente des objets dépend uniquement de la grandeur des images qu'ils tracent sur la retine*, & que l'image d'une montagne par exemple étant plus petite au fond de ses yeux, que celle de sa fenêtre, puisque celle-ci contient l'autre, il faut bien que la montagne lui paroisse plus petite. Car s'il jugeoit que la montagne est fort éloignée, pour en conclure qu'elle est fort grande selon lui, *ce jugement la lui feroit paroître plus petite.* Et il le prouve ainsi. *Dont la raison est*, dit-il, *que ce jugement dépend d'un mouvement de la prunelle qui est tel, pour voir les objets distincte-*

Pag. 241.

ment, qu'à mesure qu'ils sont plus éloignez elle s'élargit davantage ; & à mesure qu'elle s'élargit l'œil & le Cristallin s'applatissent. Or il est évident que quand l'œil est applati les refractions sont moindres, & PAR CONSEQUENT QUE LES IMAGES DES OBJETS QU'ELLES CAUSENT SUR LA RETINE SONT PLUS PETITES. Pour moi, de ce que le Cristallin s'applatit, je conclurois au contraire : Et par consequent les images des objets que les refractions causent sur la retine sont plus *grandes*. Car le Cristallin fait le même effet que les verres cõvexes des lunettes : & l'experience apprend que plus ces verres sont plats & leurs refractions *petites*, plus au contraire les images qu'ils rassemblent à leur foyer deviennent *grandes*. Il seroit inutile que j'expliquasse ici d'où dépend le jugement que nous formons de la distance des objets, aprés ce que j'en ai dit dans le 9. Chap. *de la Recherche de la Verité*. Comment les rayons se rassembleront-ils sur la retine, *si l'œil & le cristallin s'applatissent* en même tems ? Si le cristallin s'applatit, c'est une necessité que l'œil s'allonge: & au contraire si l'œil s'applatit, il faut que le cristallin devienne plus convexe, afin que la vision se puisse faire, & que les rayons se réünissent sur la retine. M. Regis me permettra de lui dire ici, que quand on veut rendre raison d'une chose fausse, on se trouve souvent bien embarassé : Mais peut-être y a-t-il dans son raisonnement quelque faute d'impression qui y cause cet embaras que je ne puis démêler. Il continuë.

12. *Pour donner donc une explication plus simple & plus naturelle que les precedentes, nous dirons que la grandeur apparente de la Lune à l'Horison, dépend principalement des vapeurs qui*

s'élevent continuellement en l'air, & qui se disposent en sorte autour de la terre, que leur surface convexe est concentrique avec elle; d'où il s'ensuit que ces vapeurs causent aux rayons de la Lune des refractions qui les font approcher de la perpendiculaire, & qui sont propres par consequent à augmenter l'image de la Lune sur la retine, par la même raison que les verres convexes sont propres à augmenter celles de tous les objets qu'on regarde au travers de ces verres.

RE'PONSE. *L'explication est simple.* Mais elle est fausse pour bien des raisons.

1°. Elle est fausse par la démonstration & l'experience du verre enfumé, dont on a parlé d'abord.

2°. Elle est fausse encore, par une raison donnée dans l'endroit * qu'il refute. Car, quand les Astronomes mesurent le diametre de la Lune, ils le trouvent plus grand lorsqu'elle est dans le Meridien, que lorsqu'elle est à l'Horison, à cause qu'alors elle est plus proche d'un demi-diametre de la terre. Or, si les refractions augmentoient l'image de la Lune dans les yeux, il est évident, du moins à ceux qui sçavent quelque peu d'optique, qu'elles l'augmenteroient dans la lunette. On sera bien-tôt * surpris de voir l'étrange réponse que M. Regis donne à cette experience dont il convient. Mais il a pû voir ces deux premieres réponses dans mes Livres, il lui en faut donner d'autres.

* Rech. de la Ver. Ch. 9.

* A la fin de cette 1. Rép.

3°. Elle est fausse, parce qu'elle suppose un principe faux. Qui est que les rayons de la Lune souffrent la refraction en question à la surface de l'atmosphere de l'air ou des vapeurs. Or ce principe n'est pas vrai. Car à cette surface la difference de la densité des milieux est comme insensible, & l'experience apprend qu'un même objet, à une distance raisonnable comme d'une lieuë, vû le matin de niveau avec une lunette, ne s'y trouve plus à midi, par l'effet des refractions qui élevent les objets. Or la surface des vapeurs qui se disposent en rond autour de la terre est bien loin de-là : car du moins montent-elles jusqu'aux nuës.

4°. Elle est fausse, parce qu'en supposant que le principe en fût vrai, & que les refractions de rayons de la Lune se fissent à la surface des vapeurs, il s'ensuivroit que la Lune à l'Horison paroîtroit elliptique, tout à rebours de ce qu'elle paroît. L'experience apprend qu'elle paroît moins haute que large, & elle paroîtroit moins large que haute. Il faudroit trop de discours pour en donner une démonstration précise, & la chose n'en vaut pas la peine. Je pense que M. Regis la trouvera bien lui-même, s'il fait seulement reflexion que lorsque nous voyons la Lune dans l'Horison, nous ne sommes pas dans la ligne qui joint son centre avec celui de la terre, qui est aussi celui de la surface sphérique des vapeurs. Ou, puisque selon lui les refractions des vapeurs se font comme dans les verres convexes, il peut se convaincre de la verité de ce que je dis par l'experience. Car, s'il prend un de ces verres, & qu'il regarde un petit cercle au travers, il le verra plus grand & sans qu'il paroisse changer de place, s'il le regarde par le centre de la loupe. Mais s'il abaisse sa loupe il verra que le cercle paroîtra s'élever & devenir elliptique, & que sa hauteur sera plus grande que sa largeur : parce qu'il verra le cercle par des rayons qui tombent plus obliquement sur le verre.

Je croirois perdre mon tems, & le faire perdre aux autres, si je m'arrétois davantage à faire voir la fausseté du principe de M. Regis, qui *explique les refractions que les vapeurs causent dans les rayons de la Lune par la même raison que les verres convexes sont propres à augmenter les objets qu'on regarde au travers.* Je croi que le Lecteur, & M. Regis lui-même en demeurera d'accord. Mais peut-être voudra-t-il que j'explique donc moi-même l'effet des refractions dont il est question. Je veux bien le satisfaire. Non, que je croye que cela soit necessaire à la justification de mes sentimens, mais parce que le Lecteur sera peut-être aussi bien aise de le sçavoir, s'il ne le sçait déja mieux que moi, car je ne me pique pas d'être fort sçavant dans ces matieres.

13. Je croi donc que les refractions n'augmentent point la grandeur apparente de la Lune, qu'au contraire elles la diminuënt : parce que lorsqu'elle est à l'Horison elles diminuënt sa hauteur, je veux dire son diametre perpendiculaire, sans faire aucun changement sensible dans sa largeur ou son diametre horisontal, ce qui la fait paroître elliptique : Voici ma raison. C'est que les refractions que causent les vapeurs dans les rayons de la Lune & de tous les autres objets se font principalement dans les vapeurs mêmes, qui sont répanduës dans tout l'air, & non comme M. Regis le pretend sur leur surface concentrique à la terre. Car à cette surface la difference de la densité des milieux est insensible. (Il n'en est pas de cette surface comme de celle des nuës que les vents compriment, & sur lesquelles ils peuvent former une espece de glacis.) L'experience du niveau, de laquelle je viens de parler, le confirme : & je ne croi pas que personne en puisse douter. Or voici comment je pense que se font ces refractions.

Les rayons aussi-bien que tous les corps mûs vont, ou tendent toûjours à aller en ligne droite; & ils ne se détournent de cette ligne, que lorsqu'ils trouvent plus de resistance d'un côté que de l'autre. Les rayons, par exemple, qui de l'air entrent de biais dans l'eau, ou qui sont obliques à la surface de l'eau, se détournent vers la perpendiculaire : parce qu'à la surface commune de ces deux corps, ils trouvent moins de resistance dans les pores de l'eau que dans l'air, dont les petites parties leur résistent par un ébranlement continuel. Les rayons de la Lune se détournent donc peu à peu & insensiblement vers la surface de la terre : parce qu'ils trouvent moins de resistance, où il y a plus de vapeurs, ou de petites parties d'eau; & qu'ordinairement il y en a plus en bas qu'en haut. Ainsi ces rayons décrivent une ligne courbe, dont je laisse aux Geometres à expliquer la nature : & la tangente, qui touche cette courbe au point qui entre dans l'œil, est le rayon du lieu apparent de la Lune, parce que nous voyons toûjours les objets en ligne droite.

On voit bien par ce que je viens de dire, que non-seulement les refractions doivent élever la Lune, mais encore qu'elles doivent l'élever d'autant plus, qu'elle est plus proche de l'Horison: parce que ses rayons rencontrent d'autant plus de vapeurs qu'ils sont plus proches de la terre, & qu'ils traversent un espace plus long où elles sont répanduës. On en peut même conclure que l'effet des refractions ne doit cesser, que lorsque la Lune est directement sur nôtre tête, quoiqu'elle ne soit presque plus sensible depuis le 45 ou 50 degré d'élevation jusques au Zenith. Tout le monde sçait que l'on a dressé des Tables de refractions pour les observations Astronomiques, lesquelles Tables donnent pour les differens degrez de hauteur des planettes, differentes élevations apparentes, fondées sur ce que je viens de dire. Enfin le fait ne se peut contester. Laissant donc là les preuves que j'en viens de donner, je raisonne ainsi sur le fait.

14. Il est certain que les rayons qui partent du bord superieur de la Lune, sont plus élevez sur l'Horison d'environ un demi degré, que ceux qui partent du bord inferieur. Or l'experience apprend & les Tables des refractions, que plus les objets approchent de l'Horison, plus les refractions sont grandes, & plus l'élevation apparente de ces objets augmente. Donc le bord inferieur de la Lune doit recevoir par les refractions, plus d'élevation que le bord superieur. Donc les refractions approchent les deux extrémitez du diametre perpendiculaire de la Lune, & par consequent elles diminuënt sa hauteur. Mais comme les extrémitez du diametre horisontal sont également élevées sur l'horison, il est visible que les refractions ne changent point son apparence, puisque l'effet ordinaire des refractions n'est que celui d'élever les objets.

Selon la Table des refractions, le bord superieur de la Lune, lorsqu'elle est dans l'horison, est moins élevé par les vapeurs que le bord inferieur de plus de deux minutes. Ainsi le diametre de la Lune étant environ de 30 minutes, les refractions diminuënt sa hauteur environ de la douziéme partie. Si donc les vapeurs augmentoient notablement son diametre horisontal, au lieu de nous paroître presque circulaire, nous la verrions fort elliptique. Mais, si on suppose que les refractions n'augmentent point, ou bien si on le veut, car cela ne fait rien à la question, qu'elles n'augmentent, que d'une partie insensible, son diametre horisontal, sa figure devra paroître précisément telle qu'elle paroît.

Il est donc certain que les refractions diminuënt davantage la hauteur de la Lune, qu'elles n'en augmentent la largeur : & qu'ainsi bien loin qu'elles augmentent son apparence dans l'horison, elles doivent la faire paroître plus petite que lorsqu'elle est dans le Meridien. Il n'est pas necessaire que je m'étende davantage sur cette matiere. Mais afin que le Lecteur puisse comparer mes raisons avec celles de l'Auteur, je vas achever de lui transcrire ce Chapitre de sa Philosophie.

15. M. Regis. *Il est encore évident par le 4 axiome, que la Lune étant dans l'horison ses rayons doivent souffrir de plus grandes refractions qu'ils n'en souffrent lorsqu'elle est dans le Meridien, à mesure qu'ils sont plus inclinez. Or est-il que la grandeur des images dépend de la grandeur des refractions.* (Je viens d'expliquer en quel sens elle en dépend, & la consequence qui suit est fausse.) *Il s'ensuit donc que l'image de la Lune sur la retine est plus grande, lorsqu'elle est sur l'horison, que lorsqu'elle est dans le Meridien. Sans qu'il serve de rien de dire que lorsque la Lune est dans l'Horison, elle est plus éloignée de nous que lorsqu'elle est dans le Meridien : car rien ne nous empêche de concevoir que la grandeur des refractions augmente plus l'image de la Lune que son éloignement ne la peut diminuer ; ce qui fait que la Lune doit paroître plus grande dans l'Horison que dans le Meridien, ainsi que l'experience le fait voir.*

* Ch. 9. Art. 3. *L'Auteur* de la Recherche de la Verité * *reconnoit sans peine qu'un tres-grand nombre de Philosophes attribuënt ce que nous venons de*

dire, aux vapeurs qui s'élevent de la terre; & il tombe d'accord avec eux a *que les vapeurs rompant les rayons des objets les font paroître plus grands, & qu'il y a plus de vapeurs entre nous & la Lune, lorsqu'elle se leve que lorsqu'elle est fort haute; & que par consequent elle devroit paroître quelque peu plus grande qu'elle ne paroit, si elle étoit toûjours également distante de nous. Mais cependant il ne veut pas qu'on dise que cette refraction des rayons de la Lune soit la cause de ces changemens apparens de sa grandeur; car cette refraction, dit-il, n'empêche pas que l'image qui se trouve au fond de nos yeux, lorsque nous voyons la Lune qui se leve, soit plus petite que celle qui s'y forme lorsqu'il y a long-tems qu'elle est levée.* (Il me semble encore aujourd'huy que cette raison est convaincante.) Voyez l'art. 12. cy-dessus.

Pour répondre à cela, voici comment nous raisonnons, en suivant les b *principes de cet Auteur. Les vapeurs rompent les rayons de telle sorte qu'elles font paroître les objets plus grands. Il y a plus de vapeurs entre nous & la Lune, lorsqu'elle se leve que lorsqu'elle est fort haute: donc la Lune doit paroître plus grande sur l'Horison que dans le Meridien,* c *pourveu que les refractions qui se font sur l'Horison augmentent plus son image sur la Retine, que son éloignement de nous ne la diminuë. Cette consequence se déduit si naturellement des principes de cet Auteur, qu'on a peine à concevoir com-*

a J'ai trop déferé au sentimét de ces Philosophes, & en cela j'ai eu tort, si M. Regis n'a pas raison. Comme mon dessein n'étoit pas alors d'examiner à fond l'effet des refractiōs, j'ai crû pouvoir entrer en partie dans une opinion qui a quelque vraisemblance, & que j'avois oüi soûtenir à plusieurs personnes plus habiles que moi

b Pourquoi sont-ce là mes *principes*, puisque je les attribuë à d'autres Philosophes? Ce sont les principes communs que je n'ai pas crû devoir examiner, cela n'étant pas absolument necessaire à mon dessein.

c Remarquez cette condition: *Pourveu que*, &c.

ment il en a pû tirer une toute contraire, en assurant * *que le diametre de l'image que nous avons de la Lune dans le fond de nos yeux* (on a oublié : lorsqu'elle est au Meridien) *est plus grand. Ce qui renverse tous les fondemens de l'optique.*

* C'est que la conditiõ manque, & que les refra-ctions n'aug-mentent pas, ou si on le veut, n'aug-mentent pas tant l'image de la Lune que son éloigne-ment la diminuë, comme je le conclus de la me-sure exa-cte de son dia-metre.

Quant à ce qu'il ajoûte que les Astronomes qui mesurent les diametres des planettes, remarquent que celui de la Lune s'agrandit à proportion qu'elle s'éleve, nous en demeurons d'accord ; mais c'est ce qu'il n'explique pas, & dont nous allons tâcher de rendre raison.

J'en ai rendu la raison au même endroit *de la Recherche de la Verité* qu'il a cité. Et cette raison est, que lorsque la Lune se leve elle est plus éloignée de nous, que lorsqu'elle est dans le Meridien, d'environ un demi diametre de la terre. Ainsi les Astronomes doivent trouver son diametre plus grand dans le Meridien que dans l'Horison. Il n'y a pas en cela grand mystere. Mais voici la raison de M. Regis. Il faut tâcher de la bien comprendre pour en juger. Une simple lecture ne suffira peut-être pas.

Pour cet effet il faut se souvenir de ce qui vient d'être dit de la grandeur de l'image que les objets tracent sur la retine, & supposer ce qui sera prouvé ensuite ; Sçavoir que les verres des lunettes causent aux rayons des refractions d'autant plus grandes qu'ils sont plus inclinez. Car cela étant posé nous pouvons assurer que la Lune étant mesurée paroît plus petite lorsqu'elle se leve que lorsqu'elle est fort haute, parce que la lunette dont on se sert pour la mesurer augmente moins à proportion son image lorsqu'elle est sur l'Horison qu'elle ne l'augmente lorsqu'elle est vers le Meridien ; dont la raison est que les refractions que la lunette cause sont plus

*plus petites à mesure que les rayons sont moins inclinez ; & il est certain * que les rayons sont moins inclinez sur la lunette, lorsque la Lune est dans l'Horison que lorsqu'elle est au Meridien, à proportion que les refractions qu'ils souffrent en entrant dans l'air sont plus fortes lorsque la Lune se leve, que lorsqu'elle est fort haute. Ce qui fait qu'il n'y a que le different éloignement de la Lune qui puisse causer de l'inégalité dans la grandeur de l'image qu'elle trace sur la Retine. Or est-il que par l'Art. 3. du Chap. 17. le reste étant égal, plus les objets sont éloignez, plus leurs images sont petites ; donc la Lune étant plus éloignée de nous lorsqu'elle est dans l'Horison que quand elle est dans le Meridien ; ce n'est pas merveille si elle paroit sous un moindre diametre.*

* Cela n'est pas vrai. Les rayons doivent tomber perpendiculairement sur la lunette dãs quelque scituatiõ que soit la Lune. Cela n'a pas besoin de preuve. Je suis étrangemét surpris de ce discours. A quoi M. Regis pensoit-il ?

C'est donc une chose constante, que la Lune, bien qu'elle dût paroitre plus petite étant sur l'Horison, à cause qu'elle est plus éloignée, cela n'empêche pas qu'elle ne puisse paroitre plus grande, & qu'elle ne paroisse en effet telle toutes les fois que les refractions de ses rayons augmentent plus son image materielle sur la Retine, que son éloignement de la terre ne la diminuë ; ce qui est confirmé par l'experience qui fait voir qu'un objet, quoique plus éloigné, peut paroitre plus grand étant regardé par un verre convexe qu'il ne paroitroit étant plus proche, s'il étoit regardé sans ce verre.

J'ai transcrit. Vous avez lû. Decidez donc équitable Lecteur lequel de nous deux, de M. Regis ou de moi, renverse les vrais fondemens de l'Optique.

DE LA NATURE DES IDE'ES,

Et en particulier de la maniere dont nous voyons les objets qui nous environnent.

VOICI un ſujet qui merite bien plus l'attention du Lecteur, que celui que je viens d'éclaircir. Il s'agit ici de la Nature des Idées qui nous repreſentent les objets. Il s'agit de ſçavoir, s'il y a une Raiſon univerſelle qui éclaire toutes les intelligences immediatement & par elle-même ; ou ſi chaque eſprit particulier peut découvrir, dans les diverſes modalitez de ſa propre ſubſtance, la nature de tous les êtres & créez & poſſibles, & l'infini même. Il n'y a point ce me ſemble de queſtion qui nous regarde de plus prés, quoique bien des gens ne s'en embaraſſent gueres : Car enfin il s'agit d'une choſe qui entre dans la définition même de l'homme, qu'on définit ordinairement, *animal Rationis particeps* : Il s'agit de ſçavoir ce que c'eſt que la Raiſon. Je prie donc le Lecteur de ſe rendre attentif, & de ne point s'effrayer de la ſublimité de la matiere. Je tâcherai de la rendre ſenſible, du moins à ceux qui ſçavent déja ou qui voudront bien ſuppoſer, que les couleurs ne ſont point répanduës ſur les objets, verité qui eſt maintenant aſſez communément receuë, &

que je croi avoir suffisamment démontrée dans le premier Livre de la *Recherche de la Verité.* La question particuliere que je vas d'abord tâcher d'éclaircir, & qui donnera lieu de parler en general de la Nature des idées, est de sçavoir, comment nous voyons les objets qui nous environnent. J'ai sur cela un sentiment qui paroît étrange, & dont l'imagination ne s'accommode pas volontiers; car je croi que c'est uniquement en Dieu que nous les voyons. J'ai prouvé ce sentiment fort au long dans *la Recherche de la Verité*, & ailleurs. * Car, comme je parlois dans cet Ouvrage pour tout le monde, je devois donner de toutes sortes de preuves. Mais comme je parle ici principalement à M. Regis, & à quelques Cartesiens, je serai plus court & plus précis; parce que je ne m'arrêterai qu'à une espece de preuve. Ainsi il sera aisé de décider lequel de nous deux a raison.

*Réponse au Livre des vrayes & fausses idées. Entretiens sur la Metaph. 1. & 2. Ent. &c.

1. Je suppose comme une verité incontestable, que les couleurs ne sont point répanduës sur les objets, mais qu'elles sont uniquement dans l'ame. M. Regis en convient, & c'est pour cela que je le suppose. Par le mot de *couleur*, on n'entend pas la configuration des petites parties, dont ce papier, par exemple, est composé, laquelle est insensible. On entend par la couleur ce qu'on voit en regardant ce papier, c'est à dire sa blancheur apparente.

2. Il est certain qu'on ne voit les corps que par la couleur, & qu'on ne peut en les regardant distinguer leur differente nature, que par la difference des couleurs. Il ne faut point ici de preuves, mais un peu de reflexion sur les effets des couleurs dans la peinture.

3. Si donc je vois presentement ce Livre, ce Bureau, ce Plancher; & si je juge de leur diffe-

rence, & de celle de l'air d'alentour, c'est que l'idée de l'étenduë, selon ses diverses parties, modifie mon ame, là d'une couleur, & ici d'une autre. Et comme l'air est invisible, cette idée ne modifie point mon ame de quelque couleur, ou de quelque perception sensible, pour le lui representer, mais d'une perception pure. C'est assurément ainsi qu'on voit les objets. Car, prenez y garde, voici le principe.

4. Il est certain que tous les hommes ont l'idée de l'étenduë presente à l'esprit, dans le tems même qu'ils ont les yeux fermez. M. Regis * a fait un Chapitre exprés pour prouver que cette idée est essentielle à l'ame, c'est à dire à l'esprit entant qu'uni au corps. Quand on a les yeux fermez cette idée ne modifie point l'ame de diverses couleurs, c'est à dire de diverses perceptions sensibles. Elle ne la modifie que d'une perception plus legere, ou purement intellectuelle, qui la represente immense : mais sans aucune diversité dans ses parties, parce que cette idée ne modifie point l'ame diversement ; car je suppose que l'imagination n'agisse point, ou ne forme point des images particulieres de cette idée generale. Concevons maintenant qu'un homme, qui avoit les yeux fermez, vienne à les ouvrir au milieu d'une campagne ; & voyons ce qui lui arrivera de nouveau. Cet homme avoit en lui l'idée de l'étenduë, quand il avoit les yeux fermez. Cette idée est essentielle à l'ame, dit M. Regis. Il aura donc encore cette idée. Mais il ne verra point cette uniformité qu'il concevoit entre ses parties : Parce que cette idée au lieu de ne modifier son esprit que d'une perception intellectuelle, elle le modifiera actuellement d'un grand nombre de perceptions sensibles, ou de couleurs toutes differentes. Car

* *Tom. 1. pag. 157.*

les couleurs ne ſont que dans l'ame. Ce ne ſont que des perceptions vives & ſenſibles, qui ſe rapportent directement à l'idée de l'étenduë qui les produit, & indirectement aux objets qui en ſont ordinairément l'occaſion. Je dis *ordinairement*, parce qu'on voit quelquefois des objets qui ne ſont point.

5. Cela étant ainſi, ce qu'on appelle *voir les corps*, n'eſt autre choſe qu'avoir actuellement preſente à l'eſprit l'idée de l'étenduë, qui le touche ou le modifie de diverſes couleurs: Car on ne les voit point directement ou immediatement en eux-mêmes. Il eſt donc certain qu'on ne voit les corps que dans l'étenduë intelligible & generale, renduë ſenſible & particuliere par la couleur; & que les couleurs ne ſont que des perceptions ſenſibles que l'ame a de l'étenduë, lorſque l'étenduë agit en elle, & la modifie Quand je dis *l'étenduë*, j'entens l'intelligible, j'entens l'idée ou l'archetype de la matiere. Car il eſt clair que l'étenduë materielle ne peut agir efficacement & directement dans nôtre eſprit. Elle eſt abſolument inviſible par elle-même. Il n'y a que les idées intelligibles qui puiſſent affecter les intelligences. Quoi qu'il en ſoit M. Regis demeure d'accord qu'on voit les corps dans l'idée de l'étenduë, & cela me ſuffit ici.

6. J'aurai donc démontré qu'on voit les corps en Dieu, ſi je puis prouver que l'idée de l'étenduë ne ſe trouve qu'en lui, & qu'elle ne peut être une modification de nôtre ame. Car, comme tous les corps particuliers ſont compoſez d'une étenduë ou matiere commune & generale, & d'une forme particuliere: de même les idées particulieres des corps, ne ſont faites que de l'idée generale de l'étenduë, vûë ſous des formes ou par des perceptions intellectuelles ou ſenſibles

toutes differentes. Je croi que M. Regis en demeurera d'accord lui-même, puisqu'il convient * *Que tous les corps particuliers sont presens à l'ame confusément & en general, parce que leur presence n'est que l'idée même de l'étenduë.* Ainsi il est clair que toute la question se réduit à sçavoir, si l'idée de l'étenduë n'est qu'une modification de l'ame, comme M. Regis le pretend : ou si cette idée est préalable à la perception qu'on en a, & si elle ne se trouve qu'en Dieu. Je raisonne donc ainsi.

* 1. Tom. p. 186.

7. Toutes les modifications d'un être fini sont necessairement finies. Car la modification d'une substance n'étant que sa façon d'être, il est évident que la modification ne peut pas avoir plus d'étenduë que la substance même. Or nôtre esprit est fini, & l'idée de l'étenduë est infinie. Donc cette idée ne peut pas être une modification de nôtre esprit.

Que nôtre esprit soit fini, cela est certain. Car, plus nos perceptions embrassent de choses, plus elles sont confuses. Si nôtre esprit étoit infini, il pourroit comprendre actuellement l'infini. Mais apparemment on ne me contestera pas cette verité. Il reste donc à prouver que l'idée de l'étenduë est infinie.

8. Ce que nous sçavons certainement n'avoir point de bornes est certainement infini. Or l'idée de l'étenduë est telle que nous sommes certains que nous ne l'épuiserons jamais, ou que nous n'en trouverons jamais le bout, quelque mouvement que nous donnions pour cela à nôtre esprit. Nous sommes donc certains que cette idée est infinie. Il est vrai que la perception que nous avons de cette idée est finie, parce que nôtre esprit étant fini, ses modifications le sont aussi. Voila pourquoi nôtre esprit ne peut embrasser

ou comprendre l'infini. Mais pour l'idée de l'espace ou de l'immensité, je suis assuré qu'elle passe infiniment l'idée que j'ai du monde, & de tout nombre fini de mondes quelque grands qu'ils soient. Et j'atteste sur cela la conscience des Lecteurs. Car c'est-là une de ces veritez qui ne se peut autrement démontrer, parce qu'on ne peut rien démontrer qu'on ne convienne des mêmes idées.

9. S'il est donc certain que l'idée de l'étenduë est infinie, elle ne se peut trouver qu'en Dieu. Or j'ay prouvé qu'on ne voyoit les corps que dans l'idée de l'étenduë, puisque *voir differens corps* n'est autre chose qu'être modifié de diverses couleurs, selon diverses parties de l'étenduë intelligible. Donc il est certain qu'on ne voit les corps qu'en Dieu. Aussi n'y a-t-il que luy qui puisse modifier nos esprits, & qui renferme dans sa substance d'une maniere intelligible les perfections de tous les êtres créez, je veux dire les idées ou les archetypes sur lesquels il les a formez. Car je ne comprens pas comment on peut soûtenir que la création du monde est préalable à la connoissance que Dieu en a, sans blesser sa sagesse & sa préscience dans la formation de ses decrets.

10. M. Regis demeure d'accord * que l'idée de l'immensité represente une étendue sans bornes. Mais il soûtient que des idées finies peuvent representer l'infini, parce qu'il confond l'idée de l'immensité avec la perception que l'esprit en a, & qu'il pretend generalement * que *toutes les idées dont l'ame se sert pour appercevoir les corps ne sont que de simples modifications de l'esprit,* & * que des idées quoique finies doivent passer pour infinies en ce sens qu'elles representent l'infini.

*Tom. 1. p. 183.

P. 190.

P. 194.

Il est ce me semble évident que ce qui est fini n'a point assez de réalité pour representer immediatement l'infini. Si mon idée, si l'objet immediat de mon esprit (car c'est là ce que j'appelle mon idée) est fini, & que je ne voye directement que cet objet immediat, dequoy on ne peut douter, puisqu'il n'y a que cet objet qui m'affecte, il est certain que je ne verray directement rien d'infini. Si donc l'idée de l'immensité étoit finie, comme le veut M. Regis, quoiqu'elle agît en moy selon tout ce qu'elle est, elle ne pourroit jamais me faire voir l'infini. Il faut donc que cette idée soit infinie, puisque je vois qu'elle enferme une immensité qui n'a point de bornes, & que je suis tres-certain qu'elle n'en a point. Il est vray que cette idée infinie agissant dans mon esprit qui est fini, elle ne peut le modifier que d'une perception finie. Mais pour appercevoir l'infini, pour sçavoir certainement que ce qu'on apperçoit est infini, il n'est pas necessaire que la perception soit infinie. Il n'y a que la comprehension de l'infini, que la perception qui mesure l'infini, qui doive être infinie comme son objet. Pour sçavoir que ce qu'on voit est infini, il suffit que l'infini affecte l'ame quelque legere que soit l'impression qu'il fait en elle. Car les perceptions ne répondent jamais à la réalité de leurs idées. Quand je me pique par exemple, ou que je me brûle, j'ay une perception tres-vive & tres-grande d'une idée pour ainsi dire fort petite : & quand je m'imagine les Cieux, ou que je pense à l'immensité des espaces, j'ay une perception tres-petite & tres-foible d'une tres-vaste idée. Il y a presque toûjours plus de perception, ou ce qui est la même chose, la capacité que l'ame a de penser est plus partagée par les petites idées que par les grandes.

preuve certaine que nos idées sont bien differentes des perceptions que nous en avons, & qu'il ne faut point juger de la grandeur des idées par les modifications qu'elles produisent en nous, mais par la réalité qu'on découvre en elles. Et comme on découvre dans l'idée de l'immensité une étenduë sans bornes, il faut croire ce qu'on voit, c'est-à-dire que cette étenduë intelligible est infinie, quoique l'impression qu'elle fait sur nôtre esprit, soit non seulement finie, mais beaucoup plus legere que celle que l'idée de la pointe d'une éguille y pourroit faire.

11. Je croy devoir dire ici, qu'on ne doit pas juger que le monde n'a point de bornes, à cause que l'idée de l'étenduë n'en a point. Car on ne peut pas même en conclure que Dieu ait creé un seul pied d'étenduë. On peut bien de l'idée de l'étenduë tirer les proprietez qui appartiennent aux corps, puisque cette idée represente leur nature, comme étant l'archetype sur lequel Dieu les a créez, & qu'on doit juger des choses selon leurs idées. Mais la création de la matiere étant arbitraire & dependante de la volonté du Createur; puisque l'idée qui la represente est infinie, necessaire, éternelle, il est évident qu'on pourroit absolument avoir la perception de cette idee, sans qu'il y eût de monde creé. Certainement Dieu a vû le monde avant la création, comme il le voit maintenant. Il est vray qu'il ne l'a vû que comme possible, avant ses decrets ou independamment de ses decrets. Mais ses decrets supposez, il l'a vû comme actuellement existant. Je dis ceci, parce que M. Regis pretend que l'étenduë créée est *la cause exemplaire* des idées qui la representent; au lieu que c'est l'idée qui est l'archetype ou l'exemplaire sur lequel la matiere a esté faite. Je vas encore donner quelques

Tom. 1. p. 289.

preuves que nos idées sont bien differentes de nos modifications, ou des perceptions que nous en avons, car cette question est le fondement de la dispute.

12. Maintenant que je regarde ma main, j'en ay l'idée presente à l'esprit par la modification de couleur, dont cette idée affecte mon ame. Car la couleur que je vois n'est pas dans cette main que je remuë, elle n'est que dans mon ame. M Regis en convient. Et c'est par elle que je distingue ma main d'avec l'air qui l'environne, ou l'idée de ma main de celle de l'air; car les objets ne sont visibles que par la couleur. Supposons aussi que cette main soit dans de l'eau chaude. Cette même idée de main sera de nouveau presente à mon esprit par la modification de chaleur. Car la chaleur n'est aussi que dans l'ame, comme M. Regis en convient encore. Il faut remarquer que l'experience apprend, que quand même on m'auroit coupé le bras, je pourrois sentir la douleur dans ma main; & par la même raison, si le nerf optique étoit ébranlé comme il le doit être pour la voir, je la verrois en même tems. Cela supposé je raisonne ainsi.

La chaleur n'est pas la couleur. Ce sont deux differentes modifications de mon ame. Or je ne voy ou je ne sens pas deux mains. C'est la même idée d'étenduë qui modifie mon ame de couleur & de chaleur. Je dois donc distinguer l'idée de ma main de la perception que j'en ay. Les idées des objets sont donc préalables aux perceptions que nous en avons. Ce ne sont donc point de simples modifications de l'esprit, mais les causes veritables de ces modifications. C'est à dire que ces idées ne se trouvent qu'en Dieu, qui seul peut agir dans nôtre ame, & la modifier de diverſes perceptions par ſa propre ſubſtance : non telle qu'elle eſt en elle-même, mais entant qu'elle eſt la lumiere ou la raiſon univerſelle des eſprits : entant qu'elle eſt repreſentative des créatures & participable par elles : entant en un mot qu'elle contient l'étenduë intelligible, l'archetype de la matiere. On ne doit pas exiger de moy que j'explique plus clairement la maniere dont Dieu agit ſans ceſſe dans les eſprits : J'avouë que je n'en ſçay pas davantage.

13. Mais faiſons encore quelques reflexions ſur la difference qu'il y a entre nos idées & nos perceptions, entre l'idée de l'étenduë, ou d'un quarré par exemple, & la perception que nous en avons. Certainement nous connoiſſons clairement l'idée du quarré, & par elle les quarrez materiels, s'il y en a de créez. Mais pour la perception que nous en avons, ſoit intellectuelle, ſoit ſenſible, nous ne la connoiſſons que confuſément & par ſentiment interieur. Je vois clairement que ſi du ſommet d'un angle d'un quarré, je tire une ligne droite qui coupe par le milieu un des côtez oppoſez, le triangle qu'elle retranchera du quarré, en ſera le quart : Que ſi cette ligne coupe deux angles, qu'elle le partagera également : Que le quarré de cette diagonale ſera double du quarré, & ainſi des autres proprietez que je puis découvrir dans cette idée. Mais je connois ſi peu la modification de mon eſprit, ou la perception que j'ay de l'idée du quarré, que je n'y puis rien découvrir. Je ſens bien que c'eſt moy qui apperçois cette idée : mais mon ſentiment interieur ne m'apprend point, comment il faut que mon ame ſoit modifiée, afin que j'aye la perception intellectuelle ou la perception ſenſible de blancheur, pour connoître ou voir une

telle figure. Dieu connoît clairement la nature de mes perceptions sans les avoir : parce qu'ayant en lui-même l'idée ou l'archetype de mon ame, il voit dans cette idée intelligible & lumineuse, comment l'ame doit être modifiée, pour avoir une telle ou telle perception, blancheur, douleur, ou toute autre qu'il ne sent pas. Mais pour moy c'est tout le contraire. Je sens mes perceptions sans les connoître : parce que n'ayant pas une idée claire de mon ame, je ne puis découvrir que par le sentiment interieur, ses modifications dont je suis capable.

14. Enfin la difference qu'il y a entre nos perceptions & les idées me paroît aussi claire que celle qui est entre nous qui connoissons, & ce que nous connoissons. Car nos perceptions ne sont que des modifications de nôtre esprit, ou que nôtre esprit même modifié de telle ou telle maniere : & ce que nous connoissons, ou que nous voyons n'est proprement que nôtre idée. Car si nos idées sont représentatives, ce n'est que parce qu'il a plû à Dieu de créer des êtres qui leur répondissent. Quoique Dieu n'eût point créé de corps, les esprits seroient capables d'en avoir les idées. Quand ouvrant les yeux je regarde une maison, certainement la maison que je voy, ou ce qui est l'objet immediat de mon esprit n'est nullement la maison que je regarde. Car je pourrois voir ce que je voy, quand même la maison ne seroit plus : puisque pour voir une maison, il suffit que l'idée de l'étenduë modifie l'ame par des couleurs distribuées de la même maniere, que si je regardois actuellement une maison. Il n'est pas necessaire que je m'étende davantage sur cette matiere, aprés tout ce que j'ay fait dans mes autres ouvrages pour tâcher de l'éclaircir. Mais examinons la critique de

M. Regis. Je vas rapporter tout son texte afin qu'on en puisse juger plus seurement. Il commence ainsi le Chap. 14. du Livre 2. de sa Metaphysique.

15. *Il y a un Philosophe moderne * qui enseigne que nous voyons les corps en Dieu, non entant que Dieu produit en nous leurs idées, mais entant qu'il est lui-même comme l'idée dans laquelle, ou par laquelle nous voyons les corps.*

* L'Auteur de la Recherche de la Verité.

*Ce Philosophe pour établir son opinion, prétend * que toutes les manieres dont l'ame peut connoître les corps, sont comprises dans le dénombrement qu'il en fait en ces termes :* Nous assurons donc qu'il est absolument necessaire que les idées que nous avons des corps, & de tous les autres objets que nous n'appercevons point par eux-mêmes, viennent de ces mêmes corps ou de ces objets, ou bien que nôtre ame ait la puissance de les produire, ou que Dieu les ait produites avec elle en la créant, ou qu'il les produise toutes les fois qu'on pense à quelqu'objet, ou que l'ame ait en elle-même toutes les perfections qu'elle voit dans ces corps, ou enfin qu'elle soit unie à un être tout parfait, & qui enferme generalement toutes les perfections des êtres créez.

* Dans le 3. Livre, Ch. 1. Art. 2.

Ensuite de ce dénombrement il examine quelle de toutes ces manieres de connoître les corps est la plus vray-semblable ; & supposant avoir prouvé que les idées des corps ne viennent pas des corps, ni de l'ame, ni de ce que Dieu produit ces idées toutes les fois que l'ame en a besoin, il conclut enfin que les idées des corps viennent de ce que Dieu, qui renferme generalement toutes les perfections des corps, est uni à l'ame. Pour découvrir le defaut de cette conclusion, nous allons répondre aux raisons sur lesquelles elle est appuyée, & pour le faire avec plus d'ordre nous refuterons chacune de ses raisons à mesure qu'elles seront proposées.

RE'PONSE. J'ay fait un dénombrement de toutes les manieres possibles de voir les corps. J'ay donné mes preuves qu'on ne les voit point par aucune des manieres dénombrées à l'exception de la derniere. Enfin j'ay conclu en faveur de cette derniere. Voila ce que M. Regis convient ici que j'ay fait. Que devoit-il donc faire lui-même, *pour découvrir le defaut de cette conclusion* ? Il devoit, ce me semble, ou faire voir que le dénombrement n'est pas exact, ou que les preuves que j'ay données, pour faire exclusion des manieres, sont fausses. Cependant ce n'est pas là ce qu'il fait. Il ne tâche qu'à refuter quelques raisons que je pourrois bien n'avoir données que par sur-abondance de droit. Car enfin le dénombrement étant supposé exact, & les exclusions bien prouvées ; il ne peut y avoir *de defaut à découvrir dans la conclusion*. Il auroit donc été plus à propos que M. Regis eût pris un autre tour que celui de rapporter mon dénombrement, ou qu'il eût combattu les exclusions que j'ay faites, & prouvé que l'ame peut voir en elle-même, dans ses propres perfections ou modifications, tout ce qu'elle peut connoître. Et comme j'ay refuté ce sentiment dans un Chapitre exprés qui est celui qui precede immediatement l'endroit qu'il examine, il devoit répondre à mes raisons. Il est vray qu'écrivant alors pour tout le monde, je ne me suis pas arrêté beaucoup dans ce Chapitre à la refutation de son sentiment. Mais c'est que ce sentiment n'étant pas si communément reçû que les autres, je n'ay pas crû devoir employer beaucoup de tems & de raisons pour en faire voir la fausseté ?

Au reste, si je n'avois eu en vûë que M. Regis, je n'aurois point fait le dénombrement des diverses opinions qui s'enseignent communément, & je ne les aurois point refutées pour établir la mienne. Ou si j'avois pû deviner ce qui n'est arrivé que 15 ou 20 ans aprés, car son Livre n'a paru qu'environ ce tems aprés le mien, j'aurois mis dans *la Recherche de la Verité* ce que j'ay écrit dans plusieurs autres * Ouvrages pour refuter plus au long le sentiment qu'il soûtient. Mais puisque M. Regis vouloit m'attaquer, il a pû & dû les examiner ces Ouvrages. Peut-être même l'a-t-il fait. D'où vient donc qu'il ne combat point les preuves que j'y ay données de la fausseté de son sentiment ? Mais d'où vient qu'il ne dit rien du Chapitre 5. qui precede immediatement celui dont il tire les raisons qu'il combat ici, lequel Chapitre est directement contre son opinion ? Enfin d'où vient que dans le Chapitre même qu'il critique, & dont il vient de dire, *qu'il refutera les raisons à mesure qu'elles seront proposées*, d'où vient, dis-je, qu'il passe ce qu'il y a de plus fort & de plus directement * opposé à son sentiment, & qu'il s'arrête à répondre à ce qui ne le regarde pas? C'est apparemment par inadvertance ou par negligence : Car je n'ose pas prendre cette omission pour un aveu de son impuissance. Mais il voudra bien que je lui dise que c'est un peu mépriser un Auteur, que de critiquer son Ouvrage aussi négligemment qu'il a fait le mien. Il continuë.

* Eclaircissemét sur la R. de la Verité. Réponse au Liv. des vrayes & fausses idées. Entretiens sur la Metaphysique.

* On verra plus bas ce que c'est, art. 21.

16. *La premiere raison de cet Auteur est que Dieu agit toûjours par les voyes les plus simples & les plus faciles ; d'où il infere que Dieu doit faire voir à l'ame tous les corps en voulant simplement qu'elle voye ce qui est au milieu*

d'elle, sçavoir la propre essence de Dieu qui represente tous les corps.

RE'PONSE. Il faut remarquer, 1°. Que cette raison, comme M. Regis l'expose, conclut ce que je ne veux point conclure. Car je ne conclus pas *qu'on voye la propre essence de Dieu qui represente tous les corps.* Je dis au contraire immediatement aprés cette raison : *Qu'on ne peut pas conclure que les esprits voyent l'essence de Dieu, de ce qu'ils voyent toutes choses en Dieu.* Car en effet il est faux que *l'essence de Dieu represente les corps.* C'est l'idée de l'étenduë qui les represente. Certainement cette idée est en Dieu : Mais elle n'est pas son essence. Qui dit *essence*, dit l'être absolu qui ne represente rien de fini. Car c'est la substance de Dieu prise relativement aux creatures, ou entant que participable par elles qui les represente.

2°. Que je ne prétens point par cette premiere raison combattre le sentiment de M. Regis, mais l'opinion commune. Cela est clair, parce qu'avant que de la donner, je dis : *Or voici les raisons qui semblent prouver que Dieu veut plûtost nous faire voir ses ouvrages en nous découvrant ce qu'il y a en lui qui les represente, qu'en créant un nombre infini d'idées dans chaque esprit.* Et aprés l'avoir donnée je conclus : *Qu'il n'y a donc pas d'apparence que Dieu pour nous faire voir ses Ouvrages produise autant d'infinitez de nombres infinis d'idées, qu'il y a d'esprits créez.* Cette raison pourroit donc être assez bonne contre ceux avec qui je parle quand elle ne vaudroit rien contre l'opinion de M. Regis. Voyons cependant comment il y répond.

Il me passe que Dieu agit toûjours par les voyes les plus simples. Il ne me conteste point que, faire voir les corps par l'idée de l'étenduë qui est en Dieu, ne soit plus simple que de créer pour cela dans chaque esprit un nombre infini d'idées. (Ces deux choses accordées cependant, la preuve est démonstrative.) Mais il fait un discours, qui en soy pourroit être bon, & s'il estoit bon mon sentiment seroit faux. Mais qu'il soit bon ou mauvais ce discours, il ne répond pas plus à ma premiere raison qu'à aucune autre. Ainsi il semble que M. Regis ne devoit pas rapporter cette raison, puisqu'il ne vouloit y répondre que par le discours que voici.

17. M. REGIS. *Nous répondons à cela, que que si l'ame voit les corps en Dieu, ce ne peut être que parce que Dieu est uni à l'ame. Or nous demandons ce que c'est que cette union de Dieu avec l'ame; car il faut de necessité qu'elle ressemble ou à l'union de deux corps, ou à l'union de deux esprits, ou à l'union d'un corps & d'un esprit, n'étant pas possible de concevoir quelqu'autre genre d'union entre deux substances unies. Or l'union de Dieu avec l'ame ne peut ressembler à celle de deux corps, parce que deux corps sont unis par leur mutuel contact, & tout contact se fait à la superficie, laquelle ne convient ni à Dieu ni à l'ame. Elle ne ressemble pas non plus à l'union de deux esprits, parce que cette union consiste dans la mutuelle dépendance des pensées ou des volontez de ces esprits; & il est certain que les pensées & les volontez de Dieu ne peuvent dependre des pensées ni des volontez de l'ame. Elle ne ressemble pas enfin à l'union d'un corps & d'un esprit, par une semblable raison. Il reste donc que Dieu n'est point uni à l'ame,* * *ou s'il y est uni, que cette union ressemble à celle qui se*

* Il faudroit ajouter ces mots *comm les creatures le sont entr'elles.*

trouve entre la cause & son effet, qui est telle que l'effet depend de la cause, mais la cause ne depend pas de l'effet. C'est pourquoy si Dieu est uni à l'ame, ce n'est qu'entant qu'il l'a creée, qu'il la conserve, & qu'il produit en elle toutes ses idées & toutes ses sensations en qualité de cause premiere, comme il a été dit; ou entant qu'il est la cause exemplaire de l'idée que l'ame a de l'être parfait.

Dans ce discours de M. Regis on ne voit rien contre les propositions qui composent la raison qu'il a rapportée. Ainsi il faudroit ôter de son Livre cette premiere raison, & par consequent aussi ces paroles : *Nous répondons à cela que*, par lesquelles il commence son discours. Il ajoute. *Si l'ame voit les corps en Dieu, ce ne peut être que parce que Dieu est uni à l'ame. Or nous demandons ce que c'est que cette union de Dieu avec l'ame?* Il auroit raison de demander ce que signifie ce mot *union*, si on ne l'avoit pas expliqué ; car c'est un des plus équivoques qu'il y ait. Mais à l'égard des diverses especes d'union qu'il rapporte pour faire voir, que Dieu n'est pas uni à l'ame comme les corps le sont entr'eux, ni comme les esprits avec les esprits, ni enfin comme les esprits avec les corps : C'est un détail qui me paroît fort inutile, & qui pourroit encore être retranché de son Livre. Car je ne pense pas que personne puisse m'attribuer de croire que Dieu soit uni à nos esprits, comme les creatures le sont entr'elles. Mais ce qu'il conclut de son détail est assurément tres-faux. Car Dieu est uni aux esprits bien plus étroitement qu'il ne l'est avec les corps. Il n'est pas seulement uni aux esprits en ce sens, *qu'il les crée & qu'il les conserve avec toutes leurs modifications* comme les creatures corporelles; mais encore en ce ſens qu'ils peuvent avoir avec lui une ſocieté particuliere, communion de penſées & de ſentimens, connoître ce qu'il connoît, aimer ce qu'il aime. Tous les êtres créez dependent de la *puiſſance* du Créateur, eſprits & corps. Mais il n'y a que les eſprits qui puiſſent être éclairez de ſa *ſageſſe* & animez de ſon amour. Je ſoûtiens donc que cette Raiſon univerſelle, qui éclaire interieurement tous les hommes, & qui a pris une chair ſenſible pour s'accommoder à leur foibleſſe, & leur parler par leurs ſens, eſt la Sageſſe de Dieu même, en qui ſe trouvent toutes les idées & toutes les veritez : Que par elle nous voyons une partie de ce que Dieu voit tres-clairement : Qu'ainſi par elle nous avons avec Dieu & entre nous une eſpece de ſocieté, & que ſans elle il eſt impoſſible que les eſprits puiſſent avoir même entr'eux le moindre rapport, former quelque liaiſon, convenir de quelque verité que ce puiſſe être. Mais il n'eſt pas neceſſaire que je repete ici ce que j'ay dit ailleurs, pour prouver qu'il n'y a que la réalité intelligible de la ſouveraine Raiſon qui puiſſe agir dans les eſprits & leur communiquer quelqu'intelligence de la Verité. J'ay fait voir que le diſcours de M. Regis ne répond point à la premiere raiſon qu'il avoit propoſée pour la refuter. Cela me ſuffit. Voyons la ſeconde.

18. M. Regis. *La ſeconde raiſon de cet Auteur eſt que cette maniere de voir les corps, met une veritable dependance entre l'ame & Dieu, parce que de cette ſorte l'ame ne peut rien voir que Dieu ne veüille bien qu'elle le voye.*

Remarque. Je dis dans l'endroit dont cette raiſon eſt tirée, que ma maniere d'expliquer comment on voit les objets, *met les eſprits dans une entiere dependance de Dieu & la plus grande qui puisse être* ; ce que ne fait pas l'opinion que je refute : *qui est que l'esprit a en lui-même toutes les idées necessaires pour penser à ce qu'il veut.* Ainsi je ne combats point l'opinion de M. Regis, qui croit aussi-bien que moy, que c'est Dieu qui forme en nous toutes nos pensées. Cependant il est clair que selon mon sentiment, la dependance où l'esprit est de Dieu, est plus grande que celle qui suit de l'opinion même de M. Regis. Car selon lui l'esprit depend uniquement de la *puissance* de Dieu, & selon le mien il depend non-seulement de sa puissance, mais encore de sa *sagesse* ; puisque selon mon sentiment ce ne sont point nos modifications, que nous connoissons & qui nous éclairent, mais les idées intelligibles qui ne se trouvent que dans la souveraine Raison. Il est donc clair que j'ay eu raison de dire, *que mon sentiment mettoit les esprits dans une entiere dependance de Dieu, & la plus grande qui puisse être.* Ce sont mes termes. Cependant il a plû à M. Regis de le nier. Voici sa réponse.

19. M. Regis. *A quoy nous répondons, que bien loin que cette maniere de voir les corps en Dieu fasse dependre l'ame de Dieu, elle fait au contraire que Dieu depend de l'ame par l'union qu'il a avec elle : Car il a été prouvé que toute union réelle & veritable, telle que cet Auteur l'admet pour cela entre Dieu & l'ame, suppose une dependance réelle & mutuelle entre les parties unies.*

Reponse. Je demande à M. Regis, *où il a été prouvé que l'union que j'admets entre tous les esprits raisonnables & la souveraine Raison,* SUPPOSE UNE DEPENDANCE RE'ELLE ET MUTUELLE ENTRE LES PARTIES UNIES. Il n'y a rien dans mes écrits qui puisse faire, je ne dis pas juger, mais seulement soupçonner à une personne équitable, que j'aye jamais eu un sentiment si extravagant & si impie. Du moins suis-je bien assuré que cette pensée ne m'est jamais venuë dans l'esprit. Mais dira-t-il est-ce que je ne viens pas de prouver, qu'il n'y a que trois especes d'union, qui toutes mettent une dependance reciproque entre les parties unies? Mais quoi! répondray-je. De ce que vous supposez que l'union qu'il a plû à Dieu de mettre entre ses creatures les rend reciproquement dependantes, avez vous droit de conclure que le P. Malebranche, & tout ce qu'il y a de Philosophes & de Theologiens, ne peuvent plus soûtenir que les esprits sont unis avec Dieu, qu'ils ne rendent le Créateur dependant de ses creatures? Cela ne se comprend pas: Car enfin il y a difference entre le Créateur & les créatures. Voyons donc la suite.

Il faut ajouter, continuë-t-il, *que si l'ame voyoit les corps en Dieu, à cause qu'elle dépend de lui, elle y devroit voir par la même raison les autres ames, & s'y voir elle-même: car autrement il faudroit dire qu'elle seroit sa propre lumiere, sinon à l'égard des corps, au moins à l'égard des esprits, ce qui repugne aux propres principes de cet Auteur.*

Re'ponse. Je pense que le Lecteur aura de la peine à comprendre le sens de ce raisonnement de M. Regis. Mais comme je croy sçavoir bien ce qu'il veut dire, je vas expliquer sa pensée. Il est necessaire pour cela de sçavoir, 1°. Que je distingue entre connoître par idée claire, & connoitre par sentiment interieur. 2°. Que je pretens qu'on connoît l'étenduë par une idée claire, & qu'on ne connoît son ame que par sentiment interieur. 3°. Que ce qu'on connoît par idée claire, on le voit en Dieu qui renferme ces idées : & qu'ainsi c'est en Dieu qu'on voit l'idée de l'étenduë, ou l'archetype de la matiere : mais qu'on ne voit point en Dieu l'idée de son ame, ou l'archetype des esprits. Sur ces principes, je dis que Dieu est nôtre lumiere en ce sens, que les idées que nous voyons en lui sont lumineuses. L'idée, par exemple, de l'étenduë est si claire, si intelligible, si feconde en veritez, que les Geometres & les Physiciens tirent d'elle toute la connoissance qu'ils ont de la Geometrie & de la Physique. Je dis que l'ame n'est point à elle-même sa lumiere : parce qu'elle ne se connoît que par l'experience du sentiment interieur : qu'elle ne peut en se considerant découvrir les modifications, dont elle est capable ; & que bien loin de renfermer en elle les idées de toutes choses, qu'elle ne contient pas même l'idée de son être propre. Voila mes principes, il n'est pas question maintenant de les prouver, mais d'y rapporter le raisonnement de M. Regis.

Il faut ajouter, dit-il, *que si l'ame voyoit les corps en Dieu, à cause qu'elle dépend de lui, elle y devroit voir par la même raison les autres ames, ou s'y voir elle-même.*

Je réponds qu'elle devroit s'y voir & les autres ames, si effectivement elle se voyoit. Mais elle ne se voit pas : elle ne se connoît pas. Elle sent seulement qu'elle est, & il est évident qu'elle ne peut se sentir qu'en elle-même. Elle se voit & se connoît si on le veut, mais uniquement par sentiment interieur : sentiment confus, qui ne lui découvre ni ce qu'elle est, ni quelle est la nature d'aucune de ses modalitez. Ce sentiment ne lui découvre point qu'elle n'est point étenduë, encore moins que la couleur, que la blancheur par exemple qu'elle voit sur ce papier, n'est réellement qu'une modification de sa propre substance. Ce sentiment n'est donc que tenebres à son égard. Quelque attention qu'elle y donne, il ne produit en elle aucune lumiere, aucune intelligence de la verité. C'est donc que l'ame ne se voit pas : parce qu'effectivement l'idée ou l'archetype de l'ame ne lui est pas manifestée. Dieu, qui ne sent ni douleur ni couleur, connoît clairement la nature de ces sentimens. Il connoît parfaitement comment l'ame, pour les sentir, doit être modifiée. Apparemment nous le verrons aussi quelque jour. Mais nous ne le verrons clairement, que lorsqu'il plaira à Dieu de nous manifester dans sa substance l'archetype des esprits, l'idée sur laquelle l'ame a esté formée: Idée lumineuse & parfaitement intelligible, parce qu'il n'y a que les idées divines qui puissent éclairer les intelligences. Jusques à ce tems heureux, l'ame sera toûjours inintelligible à elle-même. Elle ne sentira en elle que des modalitez tenebreuses : & quelque vives & sensibles que soient ces modalitez, elles ne la conduiront jamais à la connoissance claire de la verité sans le secours des idées intelligibles. L'ame ne se voit donc pas. Mais elle voit l'étenduë. Elle en connoît la nature & les proprietez. En consultant l'idée de l'étenduë, elle découvre sans cesse de nouvelles veritez : parce que cette idée étant en Dieu, elle est tres-claire, tres-intelligible, tres-lumineuse, bien differente des modifications confuses & tenebreuses de l'ame.

Supposant donc que nous ayïons une idée claire du corps, & que nous n'en ayions point de l'ame ; ou bien supposant seulement qu'on me veüille combattre par mes propres principes, comme M. Regis le pretend ici : Sa proposition paroît tout-à-fait semblable à celle-ci. *S'il étoit vray que l'homme dependit de Dieu pour remuer les bras, par la même raison il devroit en dependre pour remuer les aîles.* Oüi, sans doute, s'il en avoit, répondrois-je. Mais comme il n'en a point, il ne dépend point de Dieu à cet égard. De même si l'ame se voyoit ou si elle connoissoit clairement sa nature par la contemplation de son idée, ou de l'archetype sur lequel Dieu l'a formée : en cela elle dependroit de Dieu, elle se verroit en Dieu. Mais comme elle ne se connoît que par sentiment interieur, & qu'elle ne peut se sentir qu'en elle-même, elle dépend bien de la *puissance* de Dieu qui agit en elle ; mais à cet égard elle ne dépend point de sa *sagesse*. Je veux dire qu'elle n'est point éclairée par la réalité intelligible des idées divines. Je ne voy rien en cela *qui repugne à mes propres principes*, & je croy que ceux qui ont du goût & de la penetration pour les veritez Metaphysiques, n'y trouveront rien que de conforme à la raison, pourvû qu'ils méditent serieusement mes preuves, ce que M. Regis n'a peut-être pas fait jusques-ici. Le tems nous apprendra, si je me suis égaré. Mais je croy devoir dire qu'il en faut beaucoup avant qu'une opinion aussi extraordinaire, aussi contraire aux préjugez de l'imagination & des sens, aussi abstraite & aussi difficile que la mienne, puisse devenir la plus commune ; je ne dis pas parmi les hommes, cela n'arrivera jamais, je dis parmi les Sçavans, & cette espece de Sçavans qui s'appliquent serieusement à la Metaphysique, & à la connoissance de l'homme.

20. M. Regis. *La troisiéme raison est la maniere dont l'ame apperçoit tous les corps : Car il pretend que tout le monde sçait par experience, que lorsque nous voulons penser à quelque corps, nous envisageons d'abord tous les corps, & nous*

nous

nous appliquons ensuite à la consideration de celui que nous souhaittons de voir. Or il est indubitable que nous ne sçaurions souhaitter de voir un corps particulier que nous ne le voyions déja quoique confusement & en general. De sorte que pouvant desirer de voir tous les corps, tantôt l'un & tantôt l'autre ; il est certain que tous les corps sont presens à nôtre ame : & tous les corps ne peuvent être presens à nôtre ame, que parce que Dieu y est present, c'est à dire celui qui est tout être ou l'être universel, qui comprend toutes les creatures dans sa simplicité.

REMARQUE. M. Regis auroit mieux fait de rapporter mes propres termes. Car il n'a point abregé le discours. Mon raisonnement est general, & n'a rien ce me semble de choquant, & il le rend particulier, & assurément un peu difforme. On le peut pourtant rétablir en ôtant le mot de *corps* qu'il a repeté sept fois, & que je n'avois pas mis une seule fois, & en y substituant le mot *êtres*. Si on ne fait pas cette substitution, on aura peut-être raison d'être surpris de ce langage par exemple : *Tous les corps ne peuvent être presens à nôtre ame que parce que Dieu y est present, c'est à dire celui qui est tout être ou l'être universel.* J'avois dit : *Il semble que tous les êtres ne puissent être presens à nôtre esprit, que parce que Dieu lui est present, c'est à dire celui qui renferme toutes choses dans la simplicité de son être.* Cette expression n'a rien de choquant, & ne peut faire naistre cette folle idée que M. Regis lui-même va bien-tôt combattre pour me faire honneur, *que Dieu n'est point l'être universel ou composé des autres êtres comme de ses parties, parce que toutes les parties sont ou integrantes ou subjectives*, & le reste qu'on verra plus bas.

M. REGIS. *Nous répondons à cette troisiéme raison, en disant que les corps particuliers sont toûjours presens à l'ame en general & confusément ; mais que leur presence n'est autre chose que l'idée même de l'étenduë, que Dieu a mise dans l'ame en l'unissant au corps, & que les corps particuliers modifient ensuite diversement, suivant la diversité de leurs actions sur les organes des sens : De telle sorte que si les corps particuliers sont toûjours presens à l'ame en general & confusément ; cela ne vient pas de ce qu'ils sont compris en Dieu comme dans l'être universel, mais de ce qu'ils sont renfermez dans l'étenduë, dont l'idée est toûjours presente à l'ame, comme il a été prouvé.*

RE'PONSE. Pour ne m'arrêter qu'à ce qui est essentiel à la décision de la question, je passe bien des reflexions que ceux-là qui ont un peu de discernement peuvent faire sur la maniere dont M. Regis expose & combat mon sentiment, & je viens au fond. J'avouë que tous les corps sont presens à l'ame confusément & en general, parce qu'ils sont renfermez dans l'idée de l'étenduë. C'est-là mon sentiment, & ce l'a toûjours esté. C'est ainsi que je l'ay expliqué dans la *Recherche de la Verité*, & dans mes autres Ouvrages. Mais il n'y a pas là grand mystere, car il n'est pas ce me semble possible de concevoir la chose autrement. Ainsi la question se réduit à sçavoir si cette idée de l'étenduë est une modalité de l'ame, Je pretens que non, parce que cette idée est trop vaste, qu'elle est infinie, comme je viens de le prouver, & que toutes les modalitez d'une substance finie sont necessairement finies. C'est donc une necessité que cette idée ne se trouve qu'en Dieu, puisqu'il n'y a que lui d'infini, Je pretens que l'idée de l'être en general, ou de l'être nfini, dans laquelle nous voyons en general & onfusément tous les êtres, comme nous voyons ous les corps dans l'idée de l'étenduë, je preens, dis-je, que cette idée de l'être infini ne se eut trouver qu'en Dieu. C'est en cela que coniste toute la force de mon raisonnement contre 'opinion de M. Regis. Il ne le devoit pas dissinuler, s'il s'en est apperçû. Il devoit le rapporer dans mes termes, & y répondre. Enfin il ne evoit pas oublier la seule chose du Chapitre u'il critique qui soit directement contraire à on opinion, & qui suit immediatement cette roisiéme raison qu'il refute, aprés laquelle je ontinuë ainsi.

21. *Il semble * mêmes que l'esprit ne seroit as capable de se representer des idées univerelles de genre, d'espece, &c. s'il ne voyoit tous es êtres renfermez en un. Car toute creature tant un être particulier, on ne peut pas dire u'on voye quelque chose de créé lorsqu'on voit ar exemple un triangle en general. Enfin je ne roy pas qu'on puisse bien rendre raison de la maiere dont l'esprit connoît plusieurs veritez abraites & generales, que par la presence de celui ui peut éclairer l'esprit en une infinité de faons differentes.*

* Recherche de la Verité, p. 201. de l'Edition In quarto en 1678.

Enfin la preuve de l'existence de Dieu la plus elle, la plus relevée, la plus solide & la preiere, ou celle qui suppose le moins de choses, 'est l'idée que nous avons de l'infini. Car il est onstant que l'esprit apperçoit l'infini, quoi-qu'il e le comprenne pas; & qu'il a une idée tresistincte de Dieu, qu'il ne peut avoir que par union qu'il a avec lui; puisqu'on ne peut pas oncevoir que l'idée d'un être infiniment parfait, ui est celle que nous avons de Dieu, soit quelque hose de créé. Mais non-seulement l'esprit a l'i-

dée de l'infini, il l'a même avant celle du fini, &c. Il n'est pas necessaire de transcrire le reste.

Il me semble que M. Regis ne devoit pas laisser ceci sans réponse, pour combattre des preuves qui n'attaquent point directement ses sentimens : Car encore un coup, dans tout le Chapitre, il n'y a que cet endroit qui regarde particulierement l'opinion qu'il soûtient. Et je croy qu'il suffit pour en faire voir la fausseté. Car enfin il me paroît évident que des idées generales ne peuvent être des modifications particulieres. Mais développons cette raison, & voyons ce que M. Regis y pourroit répondre.

Toutes les modalitez d'un être particulier, tel qu'est nôtre ame, sont necessairement particulieres. Or quand on pense à un cercle en general, l'idée ou l'objet immediat de l'ame n'est rien de particulier. Donc l'idée du cercle en general n'est point une modalité de l'ame.

Cet argument en forme n'embarasseroit point un jeune homme qui soûtient These, & qui sçait se tirer d'affaire par un *distinguo*. Il répondroit hardiment : l'idée du cercle en general n'est rien de particulier : *Distinguo. In representando : Concedo. In essendo : Nego.* Cela termineroit la dispute & tout le monde sortiroit content. Mais si M. Regis me répondoit serieusement, qu'une modalité, quoique particuliere de l'ame, peut representer une figure en general, de même qu'il soûtient * qu'une idée finie peut representer l'infini ou une étenduë qui n'a point de bornes : Je lui répondrois que je ne suis pas satisfait. Car par ces mots, l'idée de cercle en general, ou l'idée de l'infini, je n'entens que ce que je voy, quand je pense au cercle ou à l'infini. Or ce que je voy actuellement est general ou

* Tom. 1. p. 194.

afini. Certainement l'idée du cercle en general e me represente rien qu'elle-même. Car il est vident qu'il n'y a point au monde de cercle en eneral, & que Dieu même n'en peut créer, uand mêmes il pourroit créer une étenduë innie. Je raisonne donc ainsi. L'idée du cercle n general ne me represente que ce qu'elle renerme. Or cette idée ne renferme rien de general, uisque ce n'est qu'une modalité particuliere de 'ame selon M. Regis. Donc l'idée de cercle en eneral ne me represente rien de general. Contradiction visible, & qui justifie ce me semble que j'aurois raison de n'être pas content de la éponse precedente. Mais apparemment M. Regis n a de meilleures à me faire.

12. Pour moy je distingue mes idées de la erception que j'en ay, de la modification qu'eles produisent en moy. Je croy que les modaitez de mon ame ou mes perceptions ne me reresentent qu'elles-mêmes; & cela par un sentiment interieur, parce que l'experience m'aprend que l'ame sent interieurement tout ce qui e passe actuellement en elle. A l'égard de mes dées, je croy qu'elles ne me representent qu'eles directement, que je ne voy directement & mmediatement que ce qu'elles renferment. Mais si Dieu a créé quelqu'être qui réponde à mon idée comme à son archetype, je puis dire que mon idée represente cet être, & qu'en la voyant directement je le voy indirectement. Pour connoître les proprietez de cet être j'en consulte l'idée, puisque c'est l'archetype sur lequel Dieu l'a formée, & que Dieu ne me veut pas tromper. Mais je ne conclus rien sur l'existence actuelle de cet être: parce que Dieu ne fait pas necessairement ce que ses idées representent, ou des êtres qui répondent à ses idées: leur créa-

tion est arbitraire. Voila des sentimens bien contraires à ceux de M. Regis. Car je l'avouë, il est rare que je sois d'accord avec lui, principalement sur la Metaphysique & sur la Morale. Mais je le prie que cet aveu, qui apparemment me fera grand tort dans son esprit, ne me gâte pas dans son cœur. C'est l'amour de la Verité qui m'oblige à le faire cet aveu. Je serois pourtant fâché d'en venir à la preuve. Quoi qu'il en soit, je distingue M. Regis de ses opinions. Il me doit rendre la même justice. Et puisqu'il a combattu souvent mes opinions dans son ouvrage, & quelquefois en me citant, il ne doit pas trouver mauvais que je confirme le monde dans ce qu'il a bien voulu lui apprendre.

23. M. Regis continuë ainsi. *Or il est bien plus aisé de concevoir que les corps particuliers sont renfermez confusément dans l'étenduë, qu'il n'est aisé de concevoir qu'ils sont renfermez en Dieu qui n'a nul rapport avec eux.* (On a vû * que ce n'est pas de cela dont il est question.) *En effet si Dieu étoit tout être ou l'être universel, comme cet Auteur l'enseigne, il faudroit que tous les êtres fussent des parties integrantes ou des parties subjectives de Dieu, puisqu'il est impossible de trouver un autre genre de parties. Or, les êtres ne sont pas des parties integrantes de Dieu, parce que s'ils l'étoient, Dieu seroit composé des êtres, comme une montre est composée de rouës & de ressorts; ce qui repugne à la simplicité de la nature divine. Les êtres ne sont pas non plus des parties subjectives de Dieu, parce que s'ils l'étoient, Dieu seroit une nature universelle, qui n'existeroit que dans l'entendement de celui qui la concevroit; ce qui repugne à l'idée de Dieu, laquelle le represente comme la chose du monde la plus singuliere & la*

* Réponse de l'art. 20.

plus déterminée. Il reste donc que Dieu n'est tout être, ou l'être universel qu'en ce qu'il est la cause efficiente, mediate ou immediate de tous les êtres.

PLAINTE. Je ne répons point à ce discours de M. Regis, je m'en plains, & je voudrois bien ne m'en plaindre qu'à lui-même. Mais cela est trop public. De bonne foy, Monsieur, avez-vous pretendu combattre mon sentiment, lorsque vous avez prouvé que Dieu n'est pas l'être universel, parce que tous les êtres ne sont pas *des parties integrantes ou subjectives* de la Divinité. Prenez garde, je vous prie: le monde en concluroit que vous n'entendez pas ce que vous lisez: Car je défie * le plus habile & le plus malintentionné critique de me faire seulement soupçonner par ceux qui ont lû mes Livres, d'avoir avancé cette impieté *que Dieu est l'être universel en ce sens que tous les êtres créez sont ses parties integrantes.* Assurément vous n'en croyez rien vous-même, si vous avez formé sur la lecture de mon Traitté des Idées le jugement que vous avez de mon sentiment. Comment donc cela s'est-t-il pû glisser dans vôtre Ouvrage? Est-ce par la faute du Libraire ou de quelque Correcteur negligeant, ou par la malignité de quelqu'ennemi caché, ou qu'enfin vous avez composé vous-même vôtre réponse sur quelques Memoires estropiez *de la Recherche de la Verité.* Encore dans cette supposition l'équité, si necessaire aux critiques, vouloit-elle que vous consultassiez l'ouvrage même. Je me *plains* donc Monsieur, de cet endroit de vôtre Livre. Mais je n'y *répons* point par cette unique raison, que je ne croy pas qu'il y ait de Lecteur assez stupide pour m'attribuer l'impieté que vous combattez sous mon nom.

* C'est dans le Ch. 5. du 3. Livre, que je dis que Dieu est l'être universel. Je prie le Lecteur de le consulter.

M. Regis. *La quatriéme & derniere raison est qu'il ne se peut faire que Dieu ait d'autre fin principale de ses actions que lui-même : d'où il s'ensuit que Dieu ne peut faire une ame pour connoître ses Ouvrages, que cette ame ne voye en quelque façon Dieu : de sorte qu'on peut dire que si nous ne voyïons Dieu en quelque façon, nous ne verrions aucune chose ; parce que toutes les idées des creatures, ne sont que des limitations de l'idée du Createur.*

Remarque. Il ne faut pas s'imaginer, que cette raison soit exposée ici comme elle l'est dans la *Recherche de la Verité*, non plus que les precedentes. Elle contient environ deux pages de mon Livre, & M. Regis la reduit ici à 7 ou 8 lignes. Voici comme on pourroit l'abreger pour lui laisser quelque force.

Puisque Dieu n'a fait les esprits que pour lui, & qu'ils ne peuvent avoir de societé avec lui, qu'ils ne pensent comme lui, il doit leur faire quelque part de ses propres idées, des archetypes qu'il renferme de ses creatures, & sur lesquels il les a formées. Il doit éclairer les esprits de sa sagesse ou de cette souveraine Raison, qui seule peut nous rendre sages, raisonnables, semblables à lui. Si Dieu éclaire nos esprits & nous découvre ses creatures par les mêmes idées qu'il en a, il est évident que nous sommes infiniment plus unis à lui qu'à ses creatures, que nous sommes unis à lui directement & aux creatures indirectement & par lui. Ainsi il sera vray en toute rigueur que nous n'aurons esté créez que pour lui, quoique nous voyïons ses creatures : parce que nous ne les voyons qu'en lui, que par lui, que comme lui, je veux dire que dans les mêmes idées que lui. De sorte que nous penserons comme lui. Nous aurons par les mêmes idées quelque societé avec lui. Nous aurons esté *créez à son image & à sa ressemblance* par cette union particuliere avec la sagesse & la Raison divine. C'est ainsi que saint Augustin explique ce passage de la Genese, comme on le peut voir dans la premiere page de la Preface de mon Livre. Mais, si nous voyons les creatures dans nos propres modalitez, en cela nous dépendrons bien de la puissance de Dieu comme les corps, comme le feu par exemple en dépend pour brûler. Mais nous ne serons point unis à sa sagesse. On pourroit dire du moins en partie que Dieu a fait les esprits pour connoître les creatures. On ne verroit plus si précisément comment tous les esprits peuvent avoir entr'eux & avec Dieu une societé veritable, communion de pensées par une Raison & une Verité commune & souveraine. Je ne pourrois plus être assuré, que tous les esprits voyent la même verité que je voy, quand je découvre par exemple les proprietez du cercle : car sans le secours d'une revelation particuliere, je ne puis découvrir quelles sont les modalitez des autres esprits. Ainsi toutes les Sciences, toutes les Veritez de Morale n'auroient plus de fondement certain. On ne pourroit plus rien démontrer. Car il est impossible de démontrer que les esprits ont ou n'ont pas certaines modalitez : puisqu'elles seroient arbitraires ces modalitez, & dépendantes de la volonté de Dieu, & que toute démonstration dépend d'un principe necessaire. Cela suffit, car j'étendrois ma raison & je veux ici l'abreger. Ecoutons M. Regis.

Nous répondons que pour que Dieu agisse principalement pour lui-même, il n'est pas necessaire que nous voyïons les corps en Dieu, & qu'il suffit que nous les voyïons dans nos idées, ou par nos idées, pourvû qu'en les voyant ainsi nous

Il faut lire *la Recherche de l. Verité* pour-

Sçavoir ma pensée. On ne la trouvera pas dans ce discours de M. Regis.

soyons disposez à loüer Dieu, qui les a produits & qui les conserve. Et quant à ce qu'il ajoute que toutes les idées des ouvrages de Dieu sont inseparables de son idée, nous en demeurons d'accord; mais nous ne croyons pas pour cela que les idées des corps particuliers soient des limitations de l'idée de Dieu : nous concevons au contraire que cela ne peut estre, à cause que les corps particuliers n'ont aucun rapport ni materiel ni formel avec l'idée de Dieu, mais ils en ont seulement avec l'idée de l'étenduë; car on peut bien dire que le triangle & le quarré sont des limitations de l'étenduë, mais on ne peut pas dire de même que l'étenduë soit une limitation de l'être qui pense parfaitement : D'où il s'ensuit que si nous voyons les corps en Dieu, ce n'est pas parce que leurs idées sont des limitations de l'idée de Dieu; mais parce que Dieu a produit dans l'ame l'idée de l'étenduë, laquelle est ensuite diversement modifiée par les corps particuliers, qui agissent diversement sur les organes, comme il a esté dit.

Il reste donc que nous ne voyons point les corps en Dieu, comme le pretend cet Auteur, mais que nous les voyons par des idées qui sont en nous, & qui dépendent des corps qu'elles representent, comme de leurs causes exemplaires : de l'ame qui les reçoit, comme de leur cause materielle : de Dieu qui les produit, comme de leur cause efficiente; & de l'action des corps particuliers, comme de leur cause efficiente seconde, ainsi qu'il a été dit.

REPONSE. Voila mes raisons aussi solidement refutées qu'elles ont été nettement exposées. En verité je trouve une si grande confusion dans tout ce discours, que je ne puis me resoudre à en faire le commentaire. Je prie seulement les Lecteurs qu'ils ne ſe rendent qu'à l'évidence. S'ils m'accordent cette juſtice, je les défie de comprendre mes raiſons dans ce Chapitre de M. Regis, & je ne crains point par conſequent qu'ils les y trouvent ſolidement réfutées.

Ainſi nonobſtant la réfutation que je viens de tranſcrire, je croi que des quatre choſes que M. Regis en conclut, les trois premieres ſont fauſſes, & qu'il n'y a que la quatriéme qui ſoit veritable en l'interpretant équitablement comme on le doit. Je croi donc,

1°. Que nous voïons les ouvrages de Dieu dans leurs idées ou leurs Archetypes qui ne ſe trouvent qu'en Dieu : & qu'ainſi *ces idées ne dépendent point des êtres créez comme de leur cauſe exemplaire*, puiſqu'elles ſont au contraire *les exemplaires* des êtres créez. Car pour le dire en paſſant, afin que le deſſein que Dieu a pris librement de faire le monde ſoit ſage & éclairé, il faut que Dieu ait connu ce qu'il a voulu, * & qu'ainſi le modele du monde & d'une infinité de mondes poſſibles ſoit prealable à la volonté ou au decret de la creation. Je ne puis encore me défaire d'un préjugé ſi groſſier.

Voyez le Tome 1. pag. 91. du Syſtême de M. Regis.

2°. Je croi que *les idées ne dépendent point de l'ame comme de leur cauſe materielle*, ou pour parler plus clairement qu'elles ne ſont point des modalitez de l'ame. Je croi l'avoir démontré.

3°. Je ne puis me perſuader que les idées dépendent de Dieu *comme de leur cauſe efficiente.* Car étant éternelles, immuables & neceſſaires, elles n'ont pas beſoin de cauſe efficiente : quoique j'avouë que la perception que j'ai de ces idées dépende de Dieu comme de ſa cauſe efficiente. Je ſuis encore dans cette erreur de croire que les veritez Geometriques & Numeriques, comme que 2 fois 2 ſont 4. ſont éternelles, indépendantes, préalables aux decrets libres de Dieu. Et je ne puis m'accommoder de la définition des veritez éternelles que donne M. Regis, lorsqu'il dit : *Qu'elles consistent dans les substances que Dieu a créées, entant que l'ame considere ces substances d'une certaine maniere, & qu'elle les compare suivant les differens rapports qu'elles ont les unes avec les autres.* J'en sçai une un peu plus courte, & qui me paroît plus juste ; je les définis, *les rapports qui sont entre les idées.* Il y a un rapport d'égalité entre 2 fois 2 & 4. soit que j'y pense ou que je n'y pense pas. Car il n'est pas necessaire que ce rapport d'égalité soit apperçû afin qu'il soit.

p. 172.

Me voilà encore bien éloigné des sentimens de M. Regis. Mais si on veut sçavoir toutes les raisons que j'en ai, on les trouvera dans la *Recherche de la Verité & les éclaircissemens.* Dans la *réponse* au livre de M. A. des vrayes & des fausses idées. Peut-être sont-elles encore mieux déduites dans les *deux premiers entretiens sur la Metaphysique & sur la Religion.* Car naturellement on doit croire que les derniers ouvrages d'un Auteur sont moins mauvais que les premiers. Ainsi M. Regis auroit peut-être mieux fait de combattre les raisons qu'il auroit trouvées dans mes derniers livres directement contraires à son sentiment, que j'y ai réfuté fort au long, que d'attaquer un livre fait il y a vingt ans, & dans lequel je n'oppose presque rien aux raisons qu'il pourroit avoir pour soûtenir son opinion. Cette conduite fait naître dans l'esprit des pensées qui ne lui sont pas avantageuses. Pour moi je ne les ai pas ces pensées. Et je veux croire que ces derniers livres dont je parle ne lui sont pas tombez dans les mains, ou qu'il n'a pas eu la curiosité de les lire, de quoi j'aurois peut-être grand tort de le blâmer. Au reste ne faut pas toûjours contredire les sentimens es autres. Ainsi je suis prêt de souscrire à cette roposition, *que les idées dépendent de l'action es corps particuliers sur les organes des sens, omme de leur cause efficiente seconde:* pourvû que ar les *idées* on entende leur *presence actuelle* à esprit, ou *la perception* que nous en avons. Si M. Regis l'entend autrement, je lui declare que e suis bien fâché de ne trouver rien dans ses sentimens qui soit de mon goût.

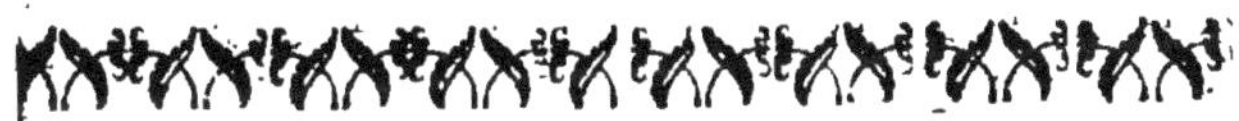

QUE LE PLAISIR REND heureux, & la douleur malheureux.

CONTRE LES STOICIENS.

Iustification de quelques pretenduës contradictions.

JE pensois avoir fini cette petite réponse aux objections de M. Regis. Mais j'ai encore renontré dans son livre l'endroit qui suit, où il 'accuse, *d'être tombé dans des contradictions anifestes*; & cela en citant en marge *la Reerche de la Verité*. Cet endroit est donc encore n de ceux qui demandent réponse, selon la résoltion que j'ai crû devoir prendre de ne répone à cet Auteur que lorsqu'il m'interroge. Car e répondre à tout ce qu'il avance contre mes ntimens, je n'en ai pas le loisir, & je ne croi s qu'il le souhaitte. Mais si je me taisois, lorsu'il m'addresse la parole, il auroit sujet de se aindre de cette espece de mépris, ou plûtôt il ourroit croire, & quelques autres aussi-bien que lui, que je ne pourois pas lui donner satisfaction, & que je conviens de m'être trompé. Ce ne seroit pas, il est vrai, un grand malheur pour moi, qu'on le crût. Mais j'aime encore mieux qu'on n'en croie rien, sur tout si mes sentimens sont veritables. Que si neanmoins je reconnoissois qu'ils sont faux, il me semble que j'aimerois mieux alors avoüer ma faute. Je n'ose pas pourtant l'assurer dans l'apprehension où je suis, que Dieu pour punir ma confiance, ne m'abandonnât aux inspirations secrettes, & aux mouvemens de ma vanité. Mais venons au fait. Voici le texte de M. Regis.

[T]om. 1. [p]. 245. *Il y a donc cette difference entre les plaisirs des sens & la satisfaction interieure; que celle-ci est un bien absolu, étant impossible de trouver un seul cas où il ne soit pas avantageux de la posseder; au lieu que les plaisirs des sens ne sont des biens qu'entant qu'ils se rapportent à la satisfaction interieure de l'ame: car s'ils ne s'y rapportent pas, ou s'ils y sont contraires, tant s'en faut que les plaisirs des sens soient des biens, ils sont au contraire de vrais maux; ce qu'il faut bien remarquer pour s'empêcher de tomber dans l'erreur où sont ceux* QUI CONFONDENT LA SATISFACTION INTERIEURE DE L'AME AVEC LES PLAISIRS DES SENS. * *Car c'est cette confusion qui les fait tomber dans de* MANIFESTES CONTRADICTIONS, *lorsqu'ils disent*: Que le plaisir est toûjours un bien, mais qu'il n'est pas toûjours avantageux d'en joüir: Que le plaisir nous rend toûjours actuellement heureux, mais qu'il y a presque toûjours des remords fâcheux qui l'accompagnent, &c. *Car il est visible que par le plaisir qui nous rend toûjours actuellement heureux, ils ne peuvent entendre que la satisfaction interieure de l'ame, ni par le plaisir qui*

* L'Auteur de la Recherche de la Verité. *liv.* 4. *chap.* 10.

eſt preſque toûjours accompagné de remords, *que le plaiſir des ſens. Or il eſt certain que les plaiſirs des ſens ne different pas moins de la ſatisfaction interieure de l'ame que les moïens different de la fin.*

EXPOSITION DU FAIT. M. Regis m'accuſe dans ce diſcours.

1°. *D'être tombé dans cette erreur de confondre la ſatisfaction interieure de l'ame avec les plaiſirs des ſens.*

2°. Il ſoûtient que *cette confuſion m'a fait tomber dans de manifeſtes contradictions*; parce que dans le Chapitre qu'il cite j'ai dit: Que le plaiſir eſt un bien, mais qu'il n'eſt pas toûjours avantageux d'en joüir: qu'il nous rend toûjours actuellement heureux; mais qu'il y a preſque toûjours des remords qui l'accompagnent.

3°. Et la preuve qu'il donne, que je confonds le plaiſir avec la ſatisfaction interieure de l'ame: C'eſt, dit-il, *qu'il eſt viſible, que par le plaiſir qui nous rend toûjours actuellement heureux, ils ne peuvent entendre que la ſatisfaction interieure.*

REPONSE. Si je croïois que le lecteur voulût bien prendre la peine de chercher le Chapitre de *la Recherche de la Verité*, que cite M. Regis, & de l'examiner, mon unique réponſe ſeroit de le prier de lire tout ce Chapitre, & de prononcer ſur ces *contradictions manifeſtes.* Car quelque *manifeſtes* qu'elles paroiſſent à M. Regis, je ne crois pas qu'il pût les découvrir. Mais comme le lecteur n'en voudra peut-être rien faire, & que le Chapitre eſt un peu long, il faut que je donne ici une réponſe plus préciſe.

Mon deſſein dans le Chapitre cité eſt de réfuter l'opinion des Stoïciens, qui prétendent que la douleur n'eſt point un mal, ni le plaiſir un bien.

Je prétens donc que la douleur nous rend actuellement malheureux, & que le plaisir nous rend heureux. Je ne dis pas solidement heureux : je ne dis pas heureux & content : je ne dis pas heureux entant que le bonheur renferme la perfection. Je distingue ces deux choses, parce qu'elles sont réellement distinctes. Car l'esprit n'est parfait que par la connoissance & l'amour du vrai bien ; & & il n'est heureux d'un bonheur solide que par la jouïssance de ce bien, laquelle consiste dans les modifications agreables des plaisirs qu'il produit dans l'ame, & par lesquelles il se fait goûter à elle. Je prétens seulement contre les Stoïciens, *que les plaisirs des sens sont capables de nous rendre* * EN
p. 267. QUELQUE MANIERE *heureux*. Cet *en quelque maniere* marque nettement ce que je pense. Mais quand même je n'aurois pas mis cette restriction dans ce Chapitre, il est visible qu'il faudroit toûjours la sous-entendre. Car j'y prouve en plusieurs manieres qu'il faut fuïr les plaisirs : & je ne croi pas qu'on puisse m'attribuer le dessein de prouver qu'il faut fuïr ce qui nous peut rendre solidement heureux. Cela supposé.

Je répons 1o. que je n'ai point *confondu la sa-*
p. 268. *tisfaction interieure avec les plaisirs des sens.* Je l'en ai toûjours distinguée, lorsqu'il a été necessaire : & je fais même cette distinction si difficile à découvrir vers la fin du Chapitre que cite M. Regis. Il est vrai que j'y appelle joie ce qu'il nomme satisfaction. Mais je ne crois pas qu'il pretende que je sois obligé à parler comme lui. Le mot de joie me paroît meilleur, à cause de celui de tristesse qui lui est opposé. Neanmoins je changerai joie en satisfaction & tristesse en chagrin si on le souhaitte.

Je répons en second lieu que je ne trouve point

de *contradiction manifeste* dans cette proposition, *le plaisir est un bien; mais il n'est pas toûjours avantageux d'en joüir.* Si j'avois dit le plaisir est le *souverain bien*, ou le *vrai bien*; ou même si j'avois dit, le plaisir est *le bien*, mais il n'est pas toûjours avantageux d'en joüir: j'avoüe qu'il y auroit une *contradiction manifeste.* Mais elle seroit si manifeste cette contradiction, que tout lecteur jugeroit d'abord que ce seroit une faute de l'Imprimeur qui auroit mis sans reflexion *le bien* pour *un bien.* Assurément il ne lui viendroit jamais dans l'esprit que j'aurois voulu dire, *qu'il n'est pas toûjours avantageux de joüir du bien, ou du souverain bien.* Où est donc la *contradiction manifeste?* si un bien tel qu'on voudra n'est pas le souverain bien, il est visible qu'il ne sera pas avantageux d'en joüir, si on ne peut en joüir sans perdre le souverain bien, ou même sans se priver de quelqu'autre bien plus considerable. Un poulet est un petit bien: le plaisir de le manger quand on a faim, nous rend en quelque maniere heureux. Cependant en Carême il n'est pas avantageux de joüir de ce poulet, ou du plaisir que l'on trouve en le mangeant. Est ce qu'alors ce poulet change de nature, & qu'en Carême il n'a plus le même goût? Non sans doute. Ce poulet, ou le plaisir que l'on trouve en le mangeant, est donc un bien dont il n'est pas avantageux de joüir: parce qu'il ne fut jamais avantageux de perdre un grand bien pour un moins considerable. M. Regis a donc mal prouvé que je suis tombé dans de *manifestes contradictions.* Il faut déja s'il lui plaît, qu'il change le pluriel en singulier, *de manifestes contradictions* en *une contradiction manifeste.* Voyons pourtant s'il ne feroit point mieux de tout effacer.

Voici la proposition qui reste: *le plaisir nous*

rend toûjours actuellement heureux : mais il y a presque toûjours des remords fâcheux qui l'accompagnent. Si j'avois écrit le plaisir nous rend toûjours solidement heureux, ou simplement bienheureux, au lieu d'actuellement heureux, on auroit raison d'y trouver *une contradiction manifeste :* parce qu'on ne peut être solidement heureux ou parfaitement heureux, & souffrir quelque misere ou quelque *remords fâcheux.* Mais je suis dans ce préjugé que les hommes sont inégalement heureux ; & que personne n'est tellement heureux, qu'il n'ait quelque endroit qui l'afflige & qui le rende malheureux. Je regarde ce Sage des Stoïciens, dont la goute & les douleurs les plus aiguës ne troublent point la felicité, comme un homme rare, & d'une espece particuliere, pour lequel assurément je n'ai jamais composé de livres. Car je sçai qu'il y eût trouvé mille *contradictions manifestes.* J'ai écrit pour des hommes qui me ressemblent. Et comme le plaisir me rend heureux, & la douleur malheureux ; j'ai crû, sur ce principe, qu'il vaut mieux être malheureux en ce monde que de l'être éternellement en l'autre ; j'ai crû, dis-je, pouvoir soûtenir, que quoique les plaisirs des sens nous rendent actuellement heureux, il les falloit fuïr à cause des remords fâcheux qui les accompagnent, qu'ils sont injustes, qu'ils nous attachent aux objets sensibles, qu'ils nous separent de Dieu, & pour plusieurs autres raisons qu'on trouvera dans mes livres, & dans le Chapitre contre les Stoïciens où l'on a rencontré des contradictions manifestes.

Comme les contradictions prétenduës où je suis tombé, dépendent selon M. Regis, de ce que j'ai confondu les plaisirs des sens avec la satisfaction interieure ; il faut examiner la preuve qu'il en donne. Car il a bien vû qu'on ne croiroit pas ſur ſa parole, que je fuſſe capable de confondre deux choſes que je ne croy pas que jamais perſonne ait confonduës. Voici donc ſa preuve.

L'Auteur de la *Recherche de la Verité* a dit: *Que le plaiſir nous rend toûjours actuellement heureux, mais qu'il y a preſque toûjours des remords fâcheux qui l'accompagnent.* Donc il confond les plaiſirs des ſens avec la ſatisfaction interieure. La preuve en eſt claire. *Car il eſt viſible que par le plaiſir qui nous rend toûjours actuellement heureux, cet Auteur ne peut entendre que la ſatisfaction interieure, ni par le plaiſir qui eſt toûjours accompagné de remords, que le plaiſir des ſens. Donc.*

Re'ponse. Il me ſemble que tout autre que M. Regis raiſonneroit ainſi. L'Auteur de la *Recherche de la Verité* a dit: *Que le plaiſir nous rend toûjours actuellement heureux, mais qu'il y a preſque toûjours des remords fâcheux qui l'accompagnent.* Or les remords fâcheux n'accompagnent point la ſatisfaction interieure. Donc cet Auteur diſtingue les plaiſirs, dont il parle, de la ſatisfaction interieure. Concluſion directement opposée à la ſienne. Comment donc eſt-il poſſible que par le plaiſir qui nous rend toûjours actuellement heureux, *on n'a pû entendre* que la ſatisfaction interieure. On l'a entendu autrement? Cela eſt viſible. D'accord, dira peut-être maintenant M. Regis. On l'a *pû*, mais on ne l'a pas *dû*. Car le plaiſir & la douleur ne rendent ni heureux ni malheureux. Hé bien je le veux. Je me ſuis trompé en cela, j'étois dans le préjugé commun: Les Stoïciens ont raiſon. Mais dans le Chapitre que vous avez cité, je combats actuellement l'opinion de ces Philoſophes. Vous n'aviez donc pas ſujet de croire que je fuſſe de leur ſentiment. Comment donc me l'attribuez-vous, en disant : *Que par les plaisirs qui rendent heureux, je ne puis entendre que la satisfaction interieure*, pour conclure de-là que je confondois ce qu'assurément personne ne confondit jamais, & que cette *confusion* estoit l'origine des *contradictions manifestes* où j'étois tombé. Apparemment vous n'avez pas bien expliqué vôtre pensée. Car je ne croy pas qu'on puisse rien comprendre dans l'exposition que vous en faites.

Cependant, Monsieur, je croy que vous avez raison de penser, que c'est la satisfaction interieure qui nous rend veritablement heureux, autant que nous le pouvons être en cette vie: pourvû que par là vous entendiez, comme je le croy, le plaisir interieur dont Dieu nous recompense quand nous faisons nôtre devoir, & qui est comme le gage ou l'avant-goût des biens que nous esperons par JESUS-CHRIST. Car, si un homme de bien se trouvoit sans cette douceur interieure, qui accompagne ordinairement la bonne conscience, comme assurément cela arrive quelquefois, puisque de grands Saints se sont plaints souvent de souffrir des secheresses effroyables. Si dis-je un homme estoit privé de cette douceur ou de ce sentiment interieur pour quelque tems, où Dieu l'éprouve & le purifie, alors je croirois parler le langage ordinaire, en disant que cet homme n'est plus heureux, mais qu'il est encore juste, vertueux, parfait. C'est qu'ordinairement on appelle heureux ceux qui jouïssent de quelque bien, & qu'on ne jouït du bien, ou qu'on ne le goûte, que par les sentimens agreables. Si je demandois à cet homme de bien dont je viens de parler, s'il est actuellement heureux. Il me répondroit apparemment: Hé comment pourrois-je être heureux, ne sentant plus en moy cette douceur que je sentois autrefo s ? Quoi lui dirois-je, sentez-vous quelque reproche interieur : Est-ce le repentir qui vous afflige ? Helas nenni me répondroit-il. Mais je ne goûte plus combien le Seigneur est doux.

C'est donc le sentiment agreabl: ou le goût du bien qui rend formellement heureux. Or tout plaisir est agreable ; donc tout plaisir actuel rend actuellement heureux selon le langage ordinaire. Mais comme il y a de grands & de petits plaisirs, comme il y en a de justes & d'injustes, de passagers & de durables, & qu'il arrive souvent qu'un petit plaisir nous prive d'un grand ; quoique tout plaisir nous rende heureux à sa maniere, il est évident qu'il n'est pas toûjours avantageux d'en jouïr. Tels sont les plaisirs des sens. Il faut les éviter avec horreur & avec une vigilance particuliere, pour les raisons que j'ay dites dans le Chapitre qui est le sujet de ce discours, & souvent ailleurs.

Vous m'avez interrogé, Monsieur, & je vous ay répondu le mieux que j'ay pû. Je ne sçay pas si vous estes satisfait. Il est vray que je vous ay fait attendre long-tems pour bien peu de chose. Mais je n'ay pas crû en cela vous desobliger. Si vous me faites encore l'honneur de m'interroger, je suis presentement dans le dessein de tout quitter pour vous contenter promtement ; & en ce cas je vous demanderay, avec tout le respect qui vous est dû, l'éclaircissement de plusieurs difficultez qui m'embarassent étrangement dans vôtre *Metaphysique* & dans vôtre *Morale*. Ce n'est pas que je me plaise à parler devant tant de monde qui nous écoute, & qui peut-être se divertit à nos dépens. Mais c'est que quand on m'y force, je tâche de me tirer d'affaire le plus promtement que je puis, & de ne pas défrayer seul la Compagnie. Croyez-moy, Monsieur, vivons en paix. Employons nôtre tems à critiquer en toute rigueur nos propres opinions. Ne nous y rendons que lorsque l'évidence nous y oblige. Ne nommons jamais dans nos Ouvrages ceux dont nous condamnons les sentimens. On s'attire par là presque toûjours des réponses un peu fâcheuses. J'ay tâché qu'il n'y eût rien dans la mienne qui vous pût fâcher, & j'espere d'y avoir bien réüssi. Car il me semble que je n'ay point eu d'autre vûë que de deffendre fortement mes sentimens, à cause que je les croy veritables. Mais si dans la chaleur de la dispute il s'y est glissé quelque expression un peu trop dure, ce que vous pouvez sentir mieux que moy; voyez si vous n'y auriez point donné vous-même un sujet raisonnable. Mais en tout cas, je vous prie de me la pardonner d'aussi bon cœur, que j'oublie, comme je le dois, certaines manieres qui me blessent dans vôtre Ouvrage.

FIN.

PRIVILEGE DU ROY.

LOUIS par la grace de Dieu, Roy de France & de Navarre : A nos Amez & Feaux Conseillers les Gens tenans nos Cours de Parlement, grand Conseil, Maîtres des Requestes ordinaires de nôtre Hôtel, Baillifs, Senéchaux, Prevost, Juges, leurs Lieutenans, & tous autres nos Officiers qu'il appartiendra ; SALUT. Nôtre amé ANDRE' PRALARD, Libraire & Imprimeur de nôtre bonne Ville de Paris, nous a fait remontrer qu'il croiroit faire une chose agreable au Public, de lui faire part de ce qui lui tombe en main, capable de contribuer à l'avancement de la Philosophie dans un siecle, où depuis le

[r]enouvellement des Lettres en Occident, elle a [é]té la plus cultivée : Et comme ce que les grands [h]ommes qui s'attachent particulierement à cette [é]tude, écrivent entr'eux pour attaquer, ou pour [d]effendre les opinions les uns des autres, sur[t]out lorsqu'elles sont nouvelles, est ordinairement ce qu'il y a de plus curieux dans leurs Ouvrages ; l'Exposant voudroit faire imprimer ce que le celebre Auteur des Livres de la Recherche [d]e la Verité a répondu à ce qu'avoit écrit contre lui sur quelques matieres de Physique un Auteur connu par un Systême François de Philosophie ; mais l'Exposant n'oseroit pas faire cette dépense sans avoir nos Lettres de Privilege à ce necessaires, & nous a fait tres-humblement supplier de les lui accorder. A CES CAUSES, Voulant favorablement traiter l'Exposant, nous lui avons permis & accordé, permettons & accordons par ces presentes, d'imprimer, ou faire imprimer un Livre intitulé, *Réponse du P. Malebranche, Prêtre de l'Oratoire de Jesus*, à *M. Regis*, ou *Raison Physique* de diverses apparences de grandeur du Soleil & de la Lune dans l'Horison, & dans le Meridien, combattu par M. Regis, & deffendu par le Pere Malebranche, en tel Volume, Marge & Caracteres, & autant de fois que bon lui semblera pendant le temps de six années consecutives, à commencer du jour que ledit Ouvrage sera achevé d'imprimer pour la premiere fois, le vendre & debiter par tout nôtre Royaume & terres de nôtre obeïssance. Faisons deffenses à tous Libraires, Imprimeurs & autres, de l'imprimer, faire imprimer, vendre ni debiter sous quelque pretexte que ce soit, même d'impression étrangere, ou autrement, sans le consentement de l'Exposant, ou de ses ayans cause, à peine de confiscation des Exemplaires contrefaits, trois mille livres d'amende payable

ſans déport par chacun des contrevenans, applicable un tiers à Nous, un tiers à l'Hôtel-Dieu de Paris, & l'autre tiers à l'Expoſant, & de tous dépens, dommages & intereſts; à la charge d'en mettre deux Exemplaires en nôtre Bibliotéque publique, un en celle du Cabinet des Livres de nôtre Chaſteau du Louvre, & un en celle de nôtre tres-cher & féal Chevalier le Sieur Boucherat Chancelier de France, d'en faire faire l'impreſſion dans nôtre Royaume, & non ailleurs, en beau caractere & papier, conformément à nos Reglemens des années 1678. & 1686. & de faire regiſtrer les preſentes és Regiſtres de la Communauté des Marchands Libraires de nôtre bonne Ville de Paris, à peine de nullité des preſentes, du contenu deſquelles vous mandons & enjoignons faire joüir & uſer l'Expoſant, ou ceux qui auront droit de lui, pleinement & paiſiblement, ceſſant & faiſant ceſſer tous troubles & empêchemens; au contraires, voulons qu'en mettant au commencement ou à la fin dudit Ouvrage l'Extrait des preſentes, elles ſoient tenuës pour deuëment ſignifiées; & qu'aux Copies collationnées par l'un de nos Amez & Féaux Conſeillers Secretaires, foy ſoit ajoûtée comme au preſent Original. Commandons au premier nôtre Huiſſier-Sergent ſur ce requis, faire pour l'execution des preſentes, tous Exploits, Significations, & autres Actes de Juſtice neceſſaires, ſans demander autre permiſſion. CAR tel eſt nôtre plaiſir. DONNE' à Paris le 9. jour d'Octobre, l'an de grace 1693. & de nôtre Regne le cinquante-un. Par le Roy en ſon Conſeil, DU GONEAU.

Regiſtré ſur le Livre de la Communauté des Libraires-Imprimeurs, le 18. Novembre 1693. Signé, P. AUBOUYN, Syndic.

www.ingramcontent.com/pod-product-compliance
Ingram Content Group UK Ltd.
Pitfield, Milton Keynes, MK11 3LW, UK
UKHW020210200726
13856UKWH00004B/1289